DES DÉCHÉANCES

en matière de

Brevets d'invention

THÈSE POUR LE DOCTORAT

présentée et soutenue le Vendredi 18 Décembre 1903, à une heure

PAR

Georges AIMOND

Président : M. LYON-CAEN.
Suffragants : { MM. CHAVEGRIN, THALLER. } *professeurs.*

PARIS

LIBRAIRIE DE JURISPRUDENCE

ÉDOUARD DUCHEMIN

18, RUE SOUFFLOT, 18

1904

Châteauroux. — Typographie et Stéréotypie A. Mellottée.

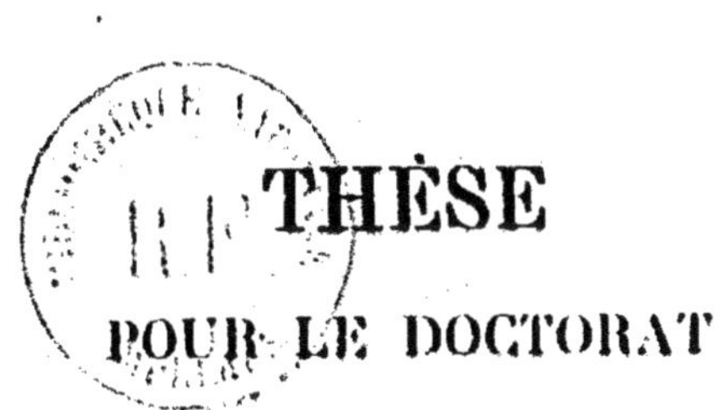

THÈSE
POUR LE DOCTORAT

UNIVERSITÉ DE PARIS. — FACULTÉ DE DROIT

DES DÉCHÉANCES

en matière de

Brevets d'invention

THÈSE POUR LE DOCTORAT

L'ACTE PUBLIC SUR LES MATIÈRES CI-APRÈS

sera soutenu le Vendredi 18 Décembre 1903, à une heure

PAR

Georges AIMOND

Président : M. LYON-CAEN.
Suffragants : MM. CHAVEGRIN, THALLER. *professeurs.*

PARIS
LIBRAIRIE DE JURISPRUDENCE
ÉDOUARD DUCHEMIN
18, RUE SOUFFLOT, 18

1904

Châteauroux. — Typographie et Stéréotypie A. Mellottée.

DES DÉCHÉANCES

EN MATIÈRE DE

BREVETS D'INVENTION

INTRODUCTION

Tandis qu'autrefois les artistes et les inventeurs pouvaient se voir enlever, sans aucun recours, le fruit de leur travail ou de leur génie, la plupart des pays civilisés, dans l'époque moderne, ont tenu à honneur de leur en assurer, pendant une durée plus ou moins longue, la jouissance exclusive. D'accord en cela avec des jurisconsultes distingués, la conscience publique a reconnu qu'à côté des droits réels que l'homme possède sur les objets matériels, il existe encore des droits intellectuels, qui ne sont pas attachés à un objet déterminé, mais qui suivent la pensée créatrice de l'auteur partout où elle s'est matérialisée en une œuvre d'art ou en une invention. C'est ainsi que s'est formée la notion de ce qu'on est convenu d'appeler la propriété industrielle, notion nécessaire dans ce siècle surtout, où l'homme, surprenant les secrets de la nature, met au jour des trésors bien autrement précieux que des mines d'or, car ils constituent un enrichissement définitif pour la société et lui font franchir des étapes toujours nouvelles dans la voie de la civilisation.

Pour retrouver les premières traces d'une sorte de propriété industrielle, nous devons remonter jusqu'au moyen âge, où les travailleurs de tous pays étaient répartis en divers corps de métiers, jouissant chacun d'un privilège pour une industrie ou une branche d'industrie spéciale. Chaque corporation était soumise à des règles très sévères, non seulement quant aux conditions attachées à la maîtrise et à l'apprentissage, mais aussi quant aux détails techniques du métier, qui étaient souvent fixés point par point. Quand surgissait une invention ou un procédé nouveau qui ne rentrait pas dans le cadre d'une corporation existante, le souverain accordait d'habitude à l'inventeur un privilège pour sa libre exploitation; mais ce n'était là qu'une protection bien chétive, car elle dépendait du bon plaisir du prince et il arrivait souvent que le monopole d'une industrie ou d'une invention nouvelle n'était pas exercé par celui aux efforts duquel elle était due.

C'est en Angleterre que, sous l'influence du chancelier Bacon, on reconnut en premier lieu le droit de l'inventeur sur le fruit de son travail. Jusqu'en 1623, le roi accordait arbitrairement la constitution de corporations jouissant de privilèges exclusifs pour entreprendre un commerce ou se livrer à une fabrication dite nouvelle. Mais à la date indiquée plus haut, une loi rendue sur la demande des corps de métiers abolit les monopoles commerciaux, interdit la création de nouvelles corporations et accorda aux auteurs de procédés et de produits nouveaux le droit d'obtenir des privilèges pour une durée qui variait, selon les cas, de quatorze à vingt et un ans.

Pendant longtemps l'Angleterre fut seule à jouir de cette législation, tandis que le continent et surtout la

France conservait et développait le système des corporations, avec toutes les entraves qu'il apporte à la liberté industrielle. Après la guerre de l'indépendance, les États-Unis d'Amérique, frappés des succès obtenus par l'industrie anglaise, empruntèrent à leur ancienne métropole la protection des inventeurs, jetant ainsi les bases de la puissante organisation industrielle qu'on admire aujourd'hui.

Peu de temps après, en 1789, la Révolution française renversa en France les maîtrises et les jurandes, comme tous les autres privilèges ; en revanche, le décret relatif aux auteurs de découvertes utiles, du 7 janvier 1791, accorda aux inventeurs la protection dont ils avaient manqué jusque-là.

La nouvelle législation française fut apportée par les armées de la République aux Pays-Bas, aux provinces rhénanes et à l'Italie ; et quand les deux premiers pays furent séparés de la France, la Prusse en 1815, les Pays-Bas en 1817 [1], ils la remplacèrent par des lois qui, tout en étant moins libérales envers les inventeurs, leur accordaient néanmoins certains privilèges.

Dans l'entre-temps, la Russie avait édicté (1812) une loi dans le même sens et à partir de 1820 presque tous les États entrèrent dans cette voie.

Mais la protection accordée par la plupart des législations en matière de propriété industrielle était exclusivement nationale : ainsi le décret français du 7 janvier 1791 indiquait comme un motif de déchéance la prise d'un brevet à l'étranger pour un objet breveté en France. Grâce au prix élevé des transports avant la création des voies de communication rapides que nous devons à la vapeur, l'é-

1. Depuis 1869 les Pays-Bas n'ont plus de loi sur les brevets d'invention.

change international des produits manufacturés était loin d'avoir l'importance actuelle, en sorte que le régime national de la propriété industrielle présentait moins d'inconvénients. Mais depuis que de nouveaux moyens de locomotion ont tellement facilité les échanges de nation à nation, le producteur n'est plus, comme autrefois, réduit à chercher ses débouchés dans le pays qu'il habite ou dans les contrées circonvoisines; il a le monde entier pour marché et doit partout être protégé. C'est ce que les divers États ont cherché à obtenir en concluant entre eux des conventions particulières; mais le but n'a été atteint qu'en partie, vu la multiplicité des difficultés résultant principalement de la diversité des lois.

En premier lieu, diversité des lois d'un même pays sur les différentes branches de la propriété industrielle. En effet, sous le nom général de propriété industrielle, on comprend toutes les conceptions de l'intelligence humaine qui se produisent dans la sphère de l'industrie; or ces conceptions ont pour objet, soit la création d'un signe destiné à faire connaître et garantir l'origine des produits du commerce et de l'industrie : ce sont les marques de fabrique; soit la combinaison de lignes ou de couleurs, de creux ou de reliefs donnant au produit un aspect spécial : ce sont les dessins et modèles de fabrique; soit la production d'un résultat industriel : ce sont les découvertes ou inventions.

En second lieu diversité entre les lois des différents pays.

Du reste, il est remarquable que, depuis trente ans, le mouvement législatif en matière de propriété industrielle a été très actif dans presque tous les pays du monde. Des causes multiples, d'ailleurs, ont contribué à cette activité des législations ; d'abord le développement considérable du commerce et de l'industrie, puis les Congrès internationaux, sans caractère officiel. Parmi ces congrès, il faut citer d'une façon toute spéciale le Congrès de Vienne de 1873, relatif aux brevets d'invention et le Congrès international de la propriété industrielle tenu à Paris en 1878. Ce dernier congrès surtout a eu des résultats pratiques considérables. C'est de lui, en réalité, qu'est sortie la Convention de 1883 pour la protection internationale de la propriété industrielle et, dans beaucoup de pays, on a modifié la législation pour la mettre en concordance avec les dispositions de cette convention, ou pour permettre à l'État d'entrer dans l'Union internationale qu'elle a créée. Le droit international a exercé sur les lois nationales une influence considérable.

Nous n'envisagerons dans cette étude que la branche de la propriété industrielle relative à la protection des découvertes, c'est-à-dire les brevets d'invention et nous renfermant encore dans un cercle plus étroit, nous n'étudierons que les dispositions législatives concernant les déchéances de ces brevets.

Dans une première partie nous rechercherons tout d'abord la nature juridique des déchéances des brevets d'invention, leur véritable caractère ; puis nous passerons en revue les différentes déchéances des brevets d'invention dans la législation française et dans les principales législations étrangères.

Dans une seconde partie nous ferons une étude critique des déchéances des brevets d'invention, nous examinerons les réformes proposés par les jurisconsultes et les Congrès, et nous étudierons les modifications apportées aux législations existantes par les Conventions internationales.

Enfin dans une troisième partie nous nous occuperons des personnes qui peuvent intenter les actions en déchéance, des tribunaux compétents pour juger ces actions, de l'autorité des jugements rendus en cette matière et nous ferons un exposé des différents systèmes appliqués dans les législations étrangères.

PREMIÈRE PARTIE

DES DÉCHÉANCES EN MATIÈRE DES BREVETS D'INVENTION DANS LA LÉGISLATION FRANÇAISE ET DANS LES PRINCIPALES LÉGISLATIONS ÉTRANGÈRES

PREMIÈRE PARTIE

DES DÉCHÉANCES EN MATIÈRE DES BREVETS D'INVENTION
DANS LA LÉGISLATION FRANÇAISE ET DANS LES PRINCI-
PALES LÉGISLATIONS ÉTRANGÈRES

CHAPITRE PREMIER

NATURE DES DÉCHÉANCES. — LEUR VÉRITABLE CARACTÈRE. —
PEUVENT-ELLES ÊTRE PARTIELLES ? DÉCHÉANCES DES CERTIFI-
CATS D'ADDITIONS, DES BREVETS ADDITIONNELS, DES BREVETS
DE PERFECTIONNEMENT.

Dans le rapport qu'il faisait à l'Assemblée constituante
le 30 décembre 1790, sur la propriété des auteurs de
nouvelles découvertes et inventions en tout genre d'industrie, le chevalier de Boufflers analysait d'une façon
magistrale la nature des droits de l'inventeur et de la
société.

« Tant qu'un inventeur n'a pas dit son secret, il en est
» le maître et rien ne l'empêche ou de le tenir caché ou de
» fixer les conditions auxquelles il consent de le révéler. Il
» est libre en contractant avec la société, comme la société
» en contractant avec lui : le contrat une fois passé, elle
» est engagée envers lui comme il est engagé envers elle
» et tant qu'il est fidèle à ses engagements, elle ne lui

» doit pas moins de protection dans les moyens qu'il prend
» pour le développement de sa nouvelle idée, qu'elle ne
» lui en accorderait pour l'exploitation de son patri-
» moine.

» C'est d'après ces premières notions, qu'en ce moment
» les auteurs de plusieurs nouvelles découvertes (soit
» qu'ils les aient déjà fait connaître au public, soit qu'ils
» en diffèrent encore la manifestation), demandent seu-
» lement que ce genre de propriété leur soit garanti par
» le corps social, afin d'être défendus contre tous les pré-
» jugés et tous les intérêts privés qui pourraient tenter de
» les troubler, de les supplanter ou de les rivaliser dans
» l'exercice de leurs droits les plus sacrés; et leur ambition
» se borne à percevoir exclusivement les fruits d'une
» faveur que la nature leur a faite exclusivement.

» Voici donc, si je ne me trompe, à quoi peut se réduire
» le premier contrat entre l'inventeur et la société. L'in-
» venteur désire qu'on le laisse jouir paisiblement d'une
» chose qui vient de lui, qui est à lui, et la preuve qu'il
» en offre, c'est qu'elle n'est connue que de lui; il de-
» mande pour cela qu'on interdise d'avance à tout autre de
» s'en emparer quand il l'aura fait connaître et ce n'est qu'à
» cette première condition qu'il manifestera ce qu'il appelle
» sa découverte. Or, cette première proposition, ainsi que
» la condition qu'on y attache, est essentiellement juste
» et le corps social ne peut s'y refuser, car l'exposé de
» l'inventeur est vrai ou faux: dans le premier cas, la so-
» ciété a quelque chose à gagner; dans le second elle n'a
» rien à perdre.

» Mais, pour que l'inventeur ne soit point troublé dans
» sa jouissance par des concurrents avides ou jaloux, il
» faut qu'il soit ouvertement protégé par la puissance

» publique envers laquelle, dès lors, il contracte deux
» obligations indispensables.

» Sa première obligation est de témoigner une confiance
» entière dans l'autorité protectrice et de lui donner une
» connaissance exacte de l'objet pour lequel il la requiert,
» afin que la société sache positivement à quoi elle s'en-
» gage et afin que, dans tous les cas, l'inventeur ait un
» titre clair et précis auquel il puisse recourir.

» La seconde obligation du citoyen protégé par la société
» est de s'acquitter envers elle, ce qu'il ne peut faire
» qu'en partageant avec elle, de manière ou d'autre,
» l'utilité qu'il attend de sa découverte. Or, la forme la
» plus naturelle de ce partage, est que le particulier
» jouisse, pendant un intervalle donné, sous la protection
» du public et qu'après cet intervalle expiré, le public
» jouisse du consentement du particulier.

» Cependant, comme les avantages que l'inventeur
» promet à la société et qu'il se promet à lui-même, sont
» encore éloignés et douteux et la protection qu'il en
» réclame et que la sécurité qu'il lui doit, sont un bien
» actuel et réel, il convient qu'il dépose des arrhes entre
» les mains du corps social, avec lequel il vient de tran-
» siger ; et le contractant lui-même fera volontiers cette
» proposition : 1° pour convaincre qu'il est dans l'intention
» de tenir son marché ; 2° pour dédommager la partie
» publique des services qu'il en recevra ; 3° pour donner un
» gage de l'utilité qu'il attache à sa découverte, en offrant
» d'avance à la patrie des prémices réelles pour des fruits
» encore en espérance. »

C'était aussi dans le même esprit que le ministre du
Commerce Cunin-Guidaine exposait à la Chambre des Pairs,
dans la séance du 10 janvier 1843, les motifs du projet de

loi sur les brevets d'inventions. « Bornons-nous donc à
» constater ce qui existe et ce qui existe sans contestation
» depuis 1791. L'inventeur ne peut exploiter sa décou-
» verte sans la société ; la société ne peut en jouir sans la
» volonté de l'inventeur ; la loi arbitre souverain est in-
» tervenue ; elle a garanti à l'un une jouissance exclusive
» temporaire ; à l'autre une jouissance différée mais per-
» pétuelle ; cette solution, transaction nécessaire entre
» les principes et les intérêts ,constitue le droit actuel des
» inventeurs et, droit naturel ou droit concédé, propriété
» ou privilège, indemnité ou rémunération, ce résultat a
» été regardé universellement comme le règlement le plus
» équitable des droits respectifs ; la raison publique l'a
» accepté et il est devenu, dans cette matière, la base de
» la législation chez tous les peuples. »

Ainsi donc un lien juridique unit la société et l'inventeur. Un véritable contrat intervient entre ces deux parties
dont les intérêts sont si difficiles à concilier. Mais du moment qu'un contrat existe, il entraîne comme conséquence
des obligations réciproques. Les déchéances ne sont pas
autre chose que les conséquences des manquements de
l'inventeur aux obligations qu'il a acceptées en contractant avec la société. Ce contrat est donc détruit par une
cause autre qu'une nullité initiale ; il est résolu de plein
droit en vertu de la volonté tacite des parties.

Il résulte de cette nature de la déchéance que, si, comme
la nullité, elle entraîne l'anéantissement dans la main du
breveté de son droit exclusif, de son privilège, elle diffère
néanmoins de cette dernière d'une façon telle qu'il est
impossible de les confondre. La nullité, en effet, résulte
d'un vice originel, d'une cause antérieure à la naissance
même du contrat passé entre la société et l'inventeur. Le

brevet nul n'a jamais existé. Les droits dépendant du brevet et acquis même avant la déclaration de nullité tombent et ne subsistent pas. La nullité a donc un effet rétroactif. La déchéance, au contraire, n'atteint le brevet que du jour où elle a été encourue ; les actes, les droits antérieurs au jour où se sont produits les faits constitutifs de la déchéance subsistent, la déchéance n'a d'effet que pour l'avenir. Jusque là l'existence du brevet n'était frappée d'aucun vice et les droits et privilèges de l'inventeur existaient valablement.

Cette distinction entre les nullités et les déchéances se retrouve dans toutes les lois sur les brevets; si la distinction n'est quelquefois pas bien précisée dans le texte des lois, elle l'est du moins fort exactement dans leur esprit. Ainsi, la loi de l'empire d'Allemagne du 7 avril 1891 établit nettement la distinction; dans l'article 9 elle dit : le brevet s'éteint; dans l'article 10 le brevet est déclaré nul et dans l'article 11 le brevet peut être révoqué ; les articles 9 et 11 indiquent donc les causes de déchéance ; l'article 10 les causes de nullité. De même la loi belge du 24 mai 1854 distingue la nullité et la déchéance, en consacrant à la première les articles 24 et 25 et à la seconde les articles 22 et 23. De même encore cette distinction se retrouve dans la loi danoise du 13 avril 1894, article 24 ; dans la loi espagnole du 30 juillet 1878, articles 43-44-45-46 ; dans la loi anglaise du 25 août 1883, sections 17 et 26 ; dans la loi luxembourgeoise du 30 juin 1880, articles 15 et 16 ; dans la loi norwégienne du 16 juin 1885, articles 25-26-27-28 ; dans la loi portugaise du 21 mai 1896, articles 37-38-39 ; dans la loi russe du 20-1ᵉʳ juin 1896, article 29 (cet article ne fait pas une distinction très précise, mais il ne peut y avoir aucun doute à ce sujet) ; dans la loi suisse du 29 juin 1888, articles 9 et 10 ; dans la loi autrichienne du 11 janvier 1897, articles 26-27-28.

Enfin, notre loi française du 5-8 juillet 1844 distingue les nullités, qui font l'objet de l'article 30, des déchéances, qui sont étudiées dans l'article 32. Pourtant, dans notre première loi sur les brevets d'invention, du 7 janvier 1791, les nullités et les déchéances semblaient être confondues et soumises aux mêmes règles. Le répertoire de Dalloz, au mot brevet d'invention n° 244, dit : « Le brevet peut » être entaché de nullité ou frappé de déchéance. La loi » nouvelle (celle de 1844), à la différence de la législation » antérieure, ne confond point ces deux cas ; et cette dis- » tinction est importante car la nullité et la déchéance » n'ont pas les mêmes effets... etc. » Il semblerait donc, d'après cette opinion, que, sous l'empire de la loi du 7 jan- vier 1791, les déchéances et les nullités étaient confon- dues et obéissaient aux mêmes règles. Cette opinion nous paraît erronée. Il est vrai cependant, que, pour la sou- tenir, on pourrait prétendre, que la législation sur les bre- vets d'invention étant à cette époque en enfance, il n'était pas étonnant que ces deux causes d'extinction des brevets fussent confondues. Cet argument moral n'est qu'une pré- somption pouvant être facilement renversée par une pré- somption contraire. Il est difficile, il faut le reconnaître, sinon impossible, avant 1844, de rechercher la jurispru- dence en cette matière, étant donné qu'au commencement du siècle peu nombreuses étaient les déchéances des bre- vets et que la compétence en cette matière appartenait aux juges de paix ; cependant il est bien étonnant que, si tel eût été l'esprit de la loi de 1791, ce n'eût pas été men- tionné dans les critiques adressées à cette loi dans les dif- férents rapports sur les brevets d'invention présentés tant

à la Chambre des Députés qu'à la Chambre des Pairs, lors
des travaux préparatoires, ou au moins, indiqué à la tribune
lors de la discussion de la loi de 1844.

Il est donc bien certain que la distinction des nullités
et des déchéances avait été faite par la loi de 1791 ; mais
il nous faut reconnaître l'imprécision, le vague des textes.
Précédemment nous avons déjà remarqué que, dans la loi
russe, la distinction n'était pas nettement établie sans que
toutefois il pût y avoir doute. Pour la loi de 1791 il en est
de même.

Ainsi donc la distinction des nullités et des déchéances
est un principe essentiel en matière de brevet d'invention, principe admis dès l'origine par tous les pays.

De nombreuses applications ont été faites de ce principe
par la jurisprudence française. Ainsi, la contrefaçon antérieure à la déchéance du brevet peut être poursuivie
même après la déclaration de cette déchéance.

La jurisprudence est unanime à déclarer la non rétroactivité de la déchéance ; de nombreux arrêts ont été
rendus conformément à ce principe. (Cass. 7 juin 1851. D.
P. 51. 1. 216. Conf. sur renvoi 5 août 1851. Douai, D. P.
51. 2. 72. Ordonn. Référé Lyon, décembre 1871. D. P. 71.
5. 39. Cass. D. P. 89. 1. 319. Nancy, 7 mars 1889. D. P.
90. 2. 145. Cass. 26 juillet 1889. D. P. 90. 1. 286.) Pourtant, un arrêt de la Cour d'Amiens (28 décembre 1850. D.
P. 51. 2. 76), a déclaré que le droit d'opposer la déchéance
ne peut être refusé au contrefacteur, alors même que la
contrefaçon serait antérieure au fait constitutif de la déchéance, dans l'espèce, le non-paiement de l'annuité. L'article 32, disait l'arrêt, est impératif ; le breveté « sera déchu de tous ses droits », aucune distinction n'est donc
admissible entre la contrefaçon antérieure ou postérieure

au fait constitutif de déchéance. Pourtant, le privilège du breveté subsiste jusqu'au jour où se sont produits les faits constitutifs de la déchéance! Le droit de poursuite est inhérent au privilège du brevet et son exercice n'a d'autre terme que celui fixé par les règles et les délais de la procédure. Est-ce qu'après l'expiration de la quinzième année du brevet, terme normal du monopole, les contrefaçons commises avant ce terme ne peuvent pas être poursuivies ? Pourquoi n'en serait-il pas de même de l'arrivée de la déchéance, terme accidentel du monopole ?

Nous venons de voir que la déchéance du brevet d'invention est la conséquence de l'inexécution, par l'inventeur, des obligations qu'il a acceptées en contractant avec la société. Mais l'inexécution d'une seule des obligations de l'inventeur entraîne-t-elle la déchéance du brevet tout entier? En d'autres termes la déchéance peut-elle être partielle ?

Peu de législations ont résolu cette question. Seule la loi autrichienne du 11 janvier 1897 article 27 résout cette difficulté « Un brevet peut être révoqué (c'est-à-dire déchu) » en totalité ou en partie..., etc. »

Cette loi est très précise et en résolvant cette difficulté dans le sens de l'affirmative elle proportionne équitablement la peine à l'infraction.

En France la question a été très discutée et les deux opinions soutenues.

On a prétendu et notamment Blanc[1], que la déchéance ne pouvait pas être partielle car, étant la conséquence du fait ou de la faute du breveté, elle devait atteindre le brevet dans son intégralité. On ne peut par conséquent

---

1. Blanc, *Traité de la contrefaçon en tous genres et de sa poursuite en justice*, p. 581.

pas soutenir que le brevet demeure valide pour une de ses parties, quand, pour une autre, il est frappé de déchéance. S'il tombe en déchéance pour défaut de payement des annuités, il est clair qu'il tombe en totalité; s'il tombe pour défaut d'exploitation ou pour introduction en France d'objets fabriqués à l'étranger, il tombe encore en totalité même si le défaut d'exploitation est spécial à une partie du brevet et si les objets introduits en contravention à la loi ne sont semblables qu'à une catégorie seulement des objets garantis par le brevet; en effet la déchéance édictée par l'article 32 est totale.

Cette opinion est trop rigoureuse. La partie seulement du brevet relativement à laquelle l'infraction a eu lieu doit tomber en déchéance, l'autre partie du brevet au contraire doit continuer à jouir de la garantie légale[1]. Pourtant le défaut de payement de l'annuité ne peut qu'entraîner la déchéance totale, car le payement est relatif au monopole entier garanti par le brevet, puisqu'il est la condition même du monopole. Mais, pour les autres causes de déchéance, défaut d'exploitation, introduction en France d'objets fabriqués en pays étranger semblables à ceux qui sont garantis par le brevet, la déchéance peut être partielle. C'est la partie du brevet, qui n'aura pas été exploitée en France, qui sera déchue. Naturellement il faut que le brevet ait été pris pour un objet principal, comportant des éléments distincts, dont les uns sont susceptibles d'être exploités indépendamment des autres. Le brevet n'est pas indivisible en droit et par conséquent, juridiquement, la déchéance peut être partielle; mais,

---

1. Picard et Olin, *Traité des brevets d'invention et de la contrefaçon industrielle*, n° 813. — Bédarride, *Commentaire des lois sur les brevets d'invention*, n° 328.

faut-il encore qu'en fait le brevet soit divisible ; son indivisibilité matérielle entraînerait, à notre avis, la déchéance totale. Mais, si le brevet a été pris pour plusieurs objets principaux, ce ne sera que dans des cas exceptionnels qu'on pourra le décomposer; si, en effet, au premier examen, le brevet paraît présenter plusieurs objets, il doit au fond exister un lien commun entre ces objets, lesquels ne sont plus, alors, que des formes d'exécution d'un procédé ou des variantes d'une machine; mais ce qui constitue le brevet, c'est le principe commun à ces divers éléments, et, par suite, l'exploitation du principe est bien unique, quelle que soit la forme d'exécution qui est mise en pratique.

Aussi la question ne se pose véritablement que quand ces objets principaux ne sont liés par aucune idée nouvelle commune, c'est-à-dire, quand ils constituent des inventions différentes qui auraient dû être décrites dans des brevets séparés. C'est le cas de la complexité du brevet que nous étudierons plus loin. Il est évident alors que, le brevet n'étant pas nul[1] (nous admettons cette solution), l'exploitation d'un seul des objets entraine la déchéance du brevet en tant que relatif aux objets non exploités.

Une autre hypothèse peut encore se présenter: le brevet indique plusieurs procédés, ou plusieurs moyens d'obtenir un même résultat. Suffit-il par exemple de l'exploitation d'un seul de ces moyens pour conserver le brevet tout entier? « Il suffit, dit Nouguier[2], pour obéir à la loi » que le procédé soit employé, c'est-à-dire la découverte

---

1. La question est en effet controversée. Voici dans quels termes elle se pose. Le brevet délivré par l'administration sur une demande complexe c'est-à-dire sur une demande qui s'applique à plusieurs objets principaux différents les uns des autres est-il entaché de nullité comme étant contraire aux dispositions de l'article 6 § 1 de la loi du 5 juillet 1811?

2. Nouguier, *Des brevets d'invention et de la contrefaçon*, n° 605.

» exploitée. Peu importe le moyen si d'ailleurs il est un
» de ceux indiqués au brevet. » Au contraire: « Si l'in-
» vention comprend plusieurs branches, disent MM. Pi-
» card et Olin[1], toutes celles qui ne seront pas exploitées
» seront exposées à la déchéance à moins que l'inventeur
» ne justifie des causes de son inaction. De même, ajoutent-
» ils, s'il s'agit de plusieurs procédés et nous ne distin-
» guons pas dans ce dernier cas s'ils amènent des résultats
» identiques ou divers. »

La première opinion nous paraît meilleure, mais à une
condition, comme le dit si justement M. Allart:[2] « C'est
» qu'il existe une étroite analogie entre les divers moyens
» décrits dans le brevet. Si, au contraire, ces moyens se
» séparaient les uns des autres par des différences pro-
» fondes, l'exploitation d'un seul d'entre eux ne serait
» certainement pas suffisante pour préserver le brevet tout
» entier de la déchéance. »

C'est, de même, la partie du brevet relative à la fabrication des objets dont les similaires de provenance étrangère auront été importés en France qu'atteindra la déchéance; mais, si la partie ou les parties du brevet
fabriquées à l'étranger et importées en France constituent
la partie essentielle de l'invention, alors même que les
autres parties du brevet auraient été fabriquées en France,
la déchéance ne pourra être que totale. Que serait-ce en
effet qu'un brevet tombé dans le domaine public pour sa
partie principale et continuant à être le monopole de
l'inventeur pour ses parties secondaires et infimes? En
admettant ainsi que la déchéance puisse être partielle on

1. Picard et Olin, n° 785.
2. Allart, *De la propriété des brevets d'invention et de leur validité*,
n° 349.

proportionne la peine à l'infraction ; l'équité recommande cette solution conforme à l'esprit même de la loi et de la jurisprudence.

La déchéance est donc une cause d'extinction du brevet due à la négligence, à la faute de l'inventeur ; mais, outre les brevets, toutes les législations admettent des certificats d'addition, des brevets additionnels, de perfectionnement qui protègent les modifications, les perfectionnements apportés à l'invention primitive faisant l'objet du premier brevet, du brevet principal. Quelle est donc l'influence de la déchéance du brevet principal sur ces brevets additionnels ?

Le certificat d'addition fait corps avec le brevet principal, donc la déchéance du brevet principal aura pour conséquence celle du certificat d'addition. Pourtant la réciproque n'est pas vraie ; la déchéance qui frappe le certificat d'addition, brevet additionnel ou de perfectionnement, n'entraîne pas celle du brevet d'invention.

Cependant l'éminent M. Pouillet[1] pense que la déchéance du certificat d'addition entraîne, parfois, celle du brevet principal. « La déchéance qui atteint le certificat
» laisse le brevet debout et intact à moins pourtant, dans
» certains cas de déchéance, que le certificat porte, non
» sur un organe qui tout en se rattachant à l'invention en
» serait cependant distinct, mais sur un perfectionnement
» se produisant en l'améliorant et par conséquent, com-
» prenant en lui l'objet même du brevet. Supposez par
» exemple un brevet pris pour un étançon de charrue,
» nouveau par sa forme, par sa courbure spéciale, et ad-
» mettez qu'un certificat d'addition ait été demandé pour
» une modification apportée à cette forme, à cette cour-

<hr>

1. Pouillet, *Traité des brevets d'invention*, r° 368.

» bure, si le breveté fait fabriquer à l'étranger et intro-
» duit en France un étançon de la forme perfectionnée par
» le certificat d'addition, pourra-t-il avoir la prétention
» de restreindre l'effet de la déchéance au certificat d'ad-
» dition et de conserver intact son brevet ? On ne saurait
» le penser; dans cette espèce, l'infraction commise à l'é-
» gard du certificat d'addition se trouve en même temps
» commise à l'égard du brevet; l'invention est comprise
» tout entière dans le perfect'onnement et par suite de la
» déchéance l'une tombe nécessairement avec l'autre. »
Cette conclusion est, à coup sûr, fondée, mais l'exemple
pris par M. Pouillet ne vient pas confirmer la thèse qu'il
soutient: le brevet ne tombe pas parce que le certificat
d'addition tombe, mais parce que l'introduction en France
de l'étançon fabriqué à l'étranger constitue une infraction
à la loi, aussi bien pour le brevet principal, que pour le
certificat d'addition.

CHAPITRE II

DE LA DÉCHÉANCE POUR DÉFAUT DE PAIEMENT DE LA TAXE

SECTION PREMIÈRE

LÉGISLATION FRANÇAISE

L'article 32 de la loi du 5 juillet 1844 dispose : « Sera
» déchu de tous ses droits : 1° le breveté qui n'aura pas
» acquitté son annuité avant le commencement de cha-
» cune des années de la durée de son brevet... »

L'article 4 de la même loi fixe ainsi le montant de la
taxe : 500 francs pour un brevet de 5 ans, 1.000 francs
pour un brevet de 10 ans, 1.500 francs pour un brevet
de 15 ans. La taxe doit être payée par annuité de 100
francs.

Une loi du 7 avril 1902 est venue compléter le paragraphe 1er de l'article 32 : « L'intéressé aura toutefois un dé-
» lai de trois mois, au plus, pour effectuer valablement le
» payement de son annuité, mais il devra verser en outre
» une taxe supplémentaire de 5 francs, s'il effectue le
» payement dans le premier mois ; de 10 francs, s'il effec-
» tue le payement dans le second mois et de 15 francs
» s'il effectue le paiement dans le troisième mois. »

Nous étudierons d'abord l'ancien article 32 puis en-

suite les modifications qui y ont été apportées par la loi
de 1902.

La première des déchéances prononcées par la loi de
1844 est donc celle qui résulte du défaut de payement de
l'annuité. Cette obligation de payer une taxe n'est pas
une simple condition fiscale et cela dans tous les pays ;
c'est une condition imposée en échange du privilège accordé au breveté et dans l'intérêt même de la liberté du
commerce et de l'industrie. Il est juste en effet de pré-
lever sur les brevets un impôt modéré, faible rémunération de la protection accordée aux inventeurs, contribu-
tion nécessaire aux dépenses spéciales qu'entraîne l'institution des brevets, enfin le seul moyen d'empêcher une
foule de rêveries et de puérilités d'entraver le commerce
et d'usurper une protection qui n'a été établie que pour
les découvertes sérieuses et utiles.

Les termes impératifs employés par le législateur de
1844 ne semblent pas permettre de soutenir que le défaut de paiement de la taxe n'entraîne pas de plein droit
la déchéance. On a soutenu néanmoins, que cette déchéance n'est pas encourue de plein droit, car le mot de
plein droit n'est pas dans l'article 32. Par la déchéance
pour défaut de paiement de la taxe, le législateur n'a
voulu frapper que le breveté coupable de négligence et
non celui qui, par suite d'une cause quelconque indépen-
dante de sa volonté, n'a pu payer son annuité en temps
utile. C'est aux tribunaux d'apprécier l'excuse présentée
par le breveté et, s'ils la déclarent valable, ils pourront
relever l'inventeur de la déchéance. Pourquoi en effet
abandonner le système de la loi de 1791 puisque cette
dernière n'est pas contredite par la loi de 1844? Si à la
vérité la déchéance pour défaut de paiement de la taxe ne

dépend plus, comme en 1791, de l'administration qui était seule juge de donner des délais et d'accorder des facilités de paiement, si toute personne y ayant intérêt peut la demander aux tribunaux, il n'en est pas moins vrai que le paiement effectué après la date de l'échéance, mais avant l'exercice de l'action en déchéance par toute personne y ayant intérêt, ne peut faire encourir au breveté de pénalité. Les tiers n'ont en effet de droit acquis que du jour de la demande.

Cette solution beaucoup plus équitable et moins rigoureuse que celle de la jurisprudence est unanimement condamnée depuis de nombreuses années. Pourtant nous avons jugé utile de la rappeler car la nouvelle loi du 7 avril 1902 est venue modifier l'article 32 de la loi du 5 juillet 1844 dans un sens moins rigoureux et plus libéral. Cette ancienne opinion soutenue notamment par Blanc[1] qui faisait ressortir si justement la rigueur inutile de l'article 32-1° a été certainement pour beaucoup dans les modifications apportées à cet article par le législateur de 1902.

Sous l'empire de l'ancien article 32, la déchéance pour défaut de paiement de l'annuité était irrémédiable ; les tribunaux ne pouvaient, sous aucun prétexte, se dispenser de la prononcer. Ils n'avaient qu'une double vérification à faire : l'annuité avait-elle été payée à l'échéance prescrite par la loi ? si elle n'avait pas été payée, existait-il un cas de force majeure qui expliquât ou justifiait le non paiement ? Cette vérification faite et tournant contre le breveté, le juge était tenu de prononcer la déchéance.

Certains auteurs soutenaient même que le juge ne pouvait pas, par suite des termes impératifs de la loi, ad-

1. Blanc, p. 555.

mettre l'excuse de la force majeure : « Pour nous, disait
» Bédarride, nous croyons que la loi n'admet aucune
» excuse, pas même celle de la force majeure. Ce qu'elle
» a voulu, c'est assurer le recouvrement de la taxe en en
» faisant la condition irritante de la conservation du pri-
» vilège. Or, admettre une excuse quelconque, c'était
» faire dégénérer cette cause de déchéance en mesure
» purement comminatoire et compromettre ce recouvre-
» ment..... On peut qualifier la résolution du législateur
» d'impitoyable, mais il n'est pas permis de la révoquer
» en doute. »

Bédarride[1] était, à notre avis, beaucoup trop absolu.
Pourquoi ne pas admettre la force majeure? Pourquoi se
mettre en contradiction avec le principe même de notre
législation qui dans nombre de cas admet l'excuse de
force majeure, par exemple en matière d'usufruit, de
rapport de succession, de legs, etc.

Certaines personnes soutenaient la même thèse que
Bédarride s'appuyant sur l'article 32-2° de la loi de 1844.
Dans sa seconde disposition en effet, l'article 32 prononce la déchéance du brevet pour défaut d'exploitation dans un certain délai : « à moins que le breveté ne
» justifie des causes de son inaction ». Par conséquent,
raisonnant à contrario, on disait que, pour le défaut de
payement des annuités, le breveté n'était pas admis à justifier les causes qui l'avait empêché de payer.

Cette thèse aurait été exacte si la déchéance du brevet
pour défaut d'exploitation avait été encourue par le breveté toutes les fois qu'il n'y aurait pas eu exploitation
dans les délais, sauf les cas de force majeure ; le silence
alors de l'article 32-1° sur les cas de force majeure aurait

1. Bédarride, n°° 410 et 411.

pu faire admettre une telle interprétation. Mais, dans le cas de défaut d'exploitation, ce n'est pas seulement en cas de force majeure que l'inaction du breveté est justifiée, mais aussi dans d'autres cas non spécifiés par la loi, mais laissés à la discrétion des tribunaux qui ont toute latitude pour apprécier les excuses que le breveté fait valoir. Comment donc soutenir, dans l'autre cas (le défaut de paiement des annuités) que les tribunaux devaient repousser toute excuse, même celle tirée de la force majeure ! Le sens de l'ancien article 32 était très net : dans le cas du défaut de paiement des annuités, la déchéance est toujours encourue, sauf s'il y a force majeure ; dans le cas de non-exploitation dans les délais fixés par la loi les tribunaux peuvent apprécier toutes les excuses présentées par le breveté, même en dehors de la force majeure. M. Tillière[1] admettait d'ailleurs pour le défaut de paiement des annuités l'excuse de la force majeure. « Le » droit commun, disait-il, dispense de l'exécution d'une » obligation lorsque la force majeure y met obstacle. Sou- » tenir qu'il en serait autrement pour l'obligation d'ac- » quitter les annuités de la taxe serait pousser le rigo- » risme jusqu'à l'absurde. Telle n'a pu être la volonté du » législateur. » C'est cette opinion que la jurisprudence semblait adopter[2]. Mais quels étaient les cas de force majeure ?

La loi de 1844 ne les indiquait pas. Les principes généraux pouvaient seuls aider à résoudre cette question.

Ainsi une maladie qui a enlevé le libre usage des facultés du breveté pouvait-elle être considérée comme un

---

1. Tillière, *Traité théorique et pratique des brevets d'invention*, n° 300.
2. (Rej. 16 mars 1861, D. 61.1.159) (Paris, 26 juillet 1865, Pataille 65.430) jur. contraire. (Paris, 6 déc. 1861, D. 62.2.100).

cas de force majeure ? Naturellement cette maladie empêchait non seulement le breveté de payer, lui-même, à
l'échéance, son annuité, mais encore de la faire payer
par autrui.

Plusieurs auteurs soutenaient qu'une telle maladie
constituait un cas de force majeure sans cela, disaient-ils,
on n'en admettrait jamais. MM. Renouard, Bédarride,
Allart, Pouillet étaient unanimes à soutenir cette opinion.
Pourtant la Cour de Cassation en 1864 (D.P. 64.1.158) re-
fusait d'admettre cette opinion. Suivant la Cour suprême,
il n'était permis de considérer comme obstacles de force
majeure que les événements qui échappaient à toute pré-
vision et ne comportaient aucune résistance ; la maladie
devait être prévue, et en vue d'un tel accident, les pré-
cautions du breveté devaient être prises. De plus et c'est
là le véritable motif de la Cour de Cassation : il fallait
que le public fût toujours à même de s'assurer qu'une
invention était tombée dans le domaine public ; si le breveté avait pu ensuite arguer de sa maladie pour se faire
rétablir dans son privilège, le régime de la propriété
industrielle eût été exposé à la plus fâcheuse instabilité.

La jurisprudence avait décidé aussi que la fermeture
régulière des bureaux du fisc, ainsi que la négligence
d'un employé, ne constituaient pas des cas de force majeure [1].

Certains cas de force majeure avaient été envisagés
dans les décrets des 25 février 1848, 23 février 1849,
10 septembre 1870 et la loi du 5 juillet 1871.

Le 25 février 1848, à la suite de la révolution politique

1. (Cass. 16 mars 1864. D. P. 64.1.158.) (Paris, 26 juillet 1865. S. 65.2.345.)
(Marseille, 17 janvier 1872. *Journ. jurisprud.* Marseille, 1872, 2.80.) (Aix,
27 juillet 1872, *ibid.* 1873, 1.169.)

qui venait de suspendre dans Paris toutes les transactions, le gouvernement provisoire rendit un décret aux termes duquel les inventeurs brevetés, en retard pour le payement des annuités échues depuis le 22 février, seraient relevés de la déchéance prononcée par l'article 32-1° de la loi de 1844 en justifiant de l'acquittement de ces mêmes annuités avant une époque que le gouvernement se réservait de fixer ultérieurement ; un arrêté subséquent du 23 février 1849 fixa cette époque au 1er juillet 1849 et décida que ce délai de grâce profiterait à ceux dont les annuités viendraient à échoir pendant sa durée.

Des dispositions analogues furent prises en 1870 lors de la guerre franco-allemande et de la Commune. Le décret du 10 septembre 1870 et la loi du 5 juillet 1871 permirent aux brevetés qui n'avaient pas pu payer les annuités, par suite des désastres, de se mettre en règle vis-à-vis du trésor.

Toutes ces dispositions, bien que rédigées à des époques différentes, montrent bien que tous les événements politiques graves, ainsi que les guerres malheureuses, ont toujours été considérés comme des cas de force majeure empêchant le paiement des annuités.

D'autres difficultés graves s'élevaient encore au sujet de la déchéance pour défaut de paiement de la taxe : l'article 32 disait que le breveté qui n'avait pas acquitté son annuité avant le commencement de chacune des années de la durée de son brevet serait déchu de tous ses droits. Or, le délai se comptait-il d'heure à heure ou de jour à jour ? Et s'il se comptait de jour à jour, le jour où avait été effectué le dépôt du brevet devait-il être compté dans le délai ? Aux termes d'une jurisprudence constante le *dies a quo*, c'est-à-dire le jour du dépôt de la demande, ne comptait pas dans le délai imparti pour le paiement de l'annuité qui, dès lors, pouvait être valablement acquittée pendant toute la journée du jour anniversaire de la demande du brevet. Mais il pouvait arriver que l'échéance tombât un jour férié ; le breveté pouvait-il dans ce cas payer l'annuité le lendemain ? L'affirmative était notamment soutenue par Blanc qui prétendait que l'article 1033 du Code de procédure civile relatif à la computation des délais pour les principaux actes de procédure, délais qui sont prorogés au lendemain quand le dernier jour est un jour férié, s'appliquait à la déchéance du brevet pour non-paiement de la taxe.

Mais la négative était admise avec raison par la majorité des auteurs et la jurisprudence. En effet la disposition de l'article 1033, relative au jour férié, disaient les partisans de la négative, n'est point une disposition générale s'appliquant à toute espèce de délai, elle se restreint aux délais indiqués dans le paragraphe 1ᵉʳ et ne peut être étendue.

Telle était jusqu'à la loi du 7 avril 1902, la législation relative à la déchéance pour défaut de paiement de l'annuité. Pas de délai de grâce, pas d'avertissement préalable, aucun recours possible, telle était l'incroyable rigueur de la loi. Elle ne figurait cependant pas dans le projet initial présenté à la Chambre des Pairs, ni dans la rédaction votée par cette Chambre, ni enfin dans le projet amendé par la commission de la Chambre des Députés. Un point commun en effet à toutes ces rédactions était le système des brevets provisoires [1] et comme ces brevets

---

1. Ces brevets provisoires ou d'essai, disait le rapporteur, pouvaient être pris moyennant le payement d'une simple taxe de 200 francs. La durée de deux années qui leur était assignée devait servir à expérimenter l'invention. Au

ne pouvaient être délivrés qu'après le paiement de la taxe, ils ne pouvaient par cela même être frappés de déchéance pour défaut de paiement de cette taxe. Cette cause de déchéance fut introduite dans l'article 32 à la suite de l'adoption par la Chambre des Députés du système des annuités.

La plupart des législations étrangères étaient mieux inspirées comme nous le verrons dans la suite. Aucune d'elles, en effet, ne se montrait aussi rigoureuse vis-à-vis de l'inventeur. Même sous l'empire de notre première loi de 1791 l'administration pouvait accorder des délais. Nous avons déjà vu [1] que l'interprétation donnée principalement par Blanc de l'article 32, mais repoussée par la jurisprudence, était beaucoup plus libérale. Notre première loi de 1791 était même sur ce point beaucoup plus large. Une campagne très active s'était, au lendemain du vote de la loi de 1844, élevée contre le rigorisme de l'article 32. Des délais de grâce étaient réclamés par tous les inventeurs et par les jurisconsultes les plus distingués. M. Ch. Lyon-Caen au Congrès international de la propriété industrielle tenu à Paris en 1878, dans la séance du 12 septembre, s'exprimait en ces termes : « Nous sommes tous » d'accord ici pour trouver d'une rigueur excessive la » disposition de la loi française suivant laquelle il y a » déchéance du breveté par cela seul qu'il ne paie pas » exactement la taxe au jour anniversaire du dépôt de sa » demande... En conséquence, nous demandons que la » déchéance encourue par le breveté ne payant pas la taxe » ne soit déclarée que lorsque quelques mois se sont

bout de ces deux années on pouvait prendre alors un brevet définitif en complétant le paiement de la taxe.

5. Page 24.

» écoulés depuis la déchéance. Nous ajoutons que, même
» après ce délai, les tribunaux auront le pouvoir de décider
» que la déchéance n'est pas encourue, parce que le bre-
» veté et ses ayants cause ont eu des motifs légitimes qui
» les ont empêché de payer. »

A la suite de ces quelques paroles couvertes d'applaudis-
sements le Congrès votait la proposition suivante : « La
» déchéance pour défaut de paiement de la taxe ne doit
» pouvoir être prononcée qu'après l'expiration d'un cer-
» tain délai depuis l'échéance.

» Même après l'expiration de ce délai le breveté peut
» être admis à justifier des causes légitimes qui l'ont em-
» pêché de payer. »

Plusieurs chambres syndicales et beaucoup de notabili-
tés en matière de droit industriel ont déjà réclamé la réforme de cet article de la loi de 1844. La chambre syndicale des mécaniciens, chaudronniers, fondeurs, dans un
mémoire adressé au Congrès de 1878, demandait que l'État,
qui perçoit et encaisse les annuités, fût obligé, comme cela
se pratique en matière de contributions et comme l'administration de l'octroi le fait pour les abonnements du com-
bustible, d'adresser trois avis successifs au breveté afin de
lui rappeler l'annuité qu'il a à payer et lui éviter ainsi bien
des mécomptes. La chambre syndicale des tissus de Saint-
Étienne réclamait pour le breveté indigent un sursis lui
accordant jusqu'à la fin de la troisième année pour le
paiement de la taxe.

L'Association des inventeurs et artistes industriels émettait en 1885 un vœu analogue : « Sera déchu de tous ses
» droits le breveté qui, dûment averti un mois avant l'é-
» chéance par l'administration compétente, n'aura pas ac-
» quitté son annuité avant le commencement de chacune

» des années de la durée de son brevet. Un délai de trois
» mois sera accordé à celui qui, avant le commencement
» de l'année, déclare être momentanément dans l'impossi-
» bilité de payer. »

Enfin au Congrès international de la propriété industrielle qui s'est tenu à Paris du 23 au 28 juillet 1900
M. Fayollet, ingénieur conseil à Paris, proposait d'émettre
un vœu en faveur de l'établissement d'un délai de grâce
pour le breveté qui n'aurait pas acquitté son annuité en
temps utile. Le Congrès adopta ce vœu et allant même au
delà déclara que les administrations devraient faire parvenir un avertissement au breveté en retard. Cette manière de procéder déjà admise dans plusieurs lois et règle-
ments étrangers de date récente était de nature à éviter
au breveté des pertes sensibles ne profitant à personne :
d'autre part les surtaxes infligées au retardataire et les annuités ultérieures des brevets ainsi maintenues en vigueur devaient dédommager largement les administrations de leur travail supplémentaire.

M. Millerand, ministre du Commerce à cette époque,
prit en main la cause des inventeurs et le 7 avril 1902 faisait voter l'addition à l'article 32 que nous avons mentionnée au début de ce chapitre. Par cette nouvelle loi le breveté a donc un délai de grâce de trois mois. Comme peine,
comme amende, il devra payer une taxe supplémentaire
qui est plus ou moins forte selon le retard : 5 francs si le
retard est d'un mois, 10 francs et 15 francs si le retard est
de deux ou trois mois.

Il est cependant fâcheux que la réforme apportée par la
loi du 7 avril 1902 ne soit pas plus complète. Comme le
réclamait l'Association des inventeurs et artistes industriels, comme le réclamait aussi le Congrès de Paris de

1900, la nouvelle loi aurait dû obliger l'administration à prévenir le breveté, au moins un mois à l'avance, de l'arrivée de l'échéance de l'annuité. Il est juste cependant de remarquer que le gouvernement peut, par un simple décret, inviter l'administration à faire parvenir au breveté en retard un avertissement officieux ; la commission du commerce et de l'industrie de la Chambre des Députés le déclare en effet dans son rapport. Malheureusement jusqu'ici aucun décret n'a été promulgué, aucun avertissement donné aux inventeurs.

Enfin il est une réforme préconisée elle aussi et qui a fait l'objet cette année même d'un projet de l'association des ingénieurs conseils en matière de propriété industrielle : la réforme de la taxe. Cette association demande l'établissement d'une taxe progressive, faible les premières années, plus forte à mesure que l'on s'approche du terme final du monopole. En effet beaucoup de brevets tombent en déchéance pour défaut de paiement des annuités dans les premières années. Ce sont elles qui sont, pour l'inventeur pauvre, les plus pénibles ; c'est à ce moment qu'il est obligé de faire des sacrifices pécuniaires considérables pour lancer son invention dans le domaine industriel. Il serait donc juste de diminuer, pendant ces premières années, l'annuité et même de la supprimer complètement. Nous étudierons d'ailleurs cette réforme dans notre deuxième partie.

La plupart des législations étrangères, comme nous le verrons, suivent cette règle équitable. D'ailleurs, lors de la discussion de la loi de 1844, la disposition qui soumet chaque brevet au paiement d'une taxe annuelle de 100 francs fut l'objet de vives attaques. On la combattit comme tendant à frustrer les inventeurs, qui sont dans la

pauvreté, de la protection accordée à ceux que la fortune
a favorisés.

La réforme opérée par la loi du 7 avril 1902 vient-elle
modifier la théorie que nous avons développée précédemment sur les cas de force majeure ? Le brevet dont la taxe
n'aura pas été payée dans les trois mois de l'échéance pourra-
t-il, si le non paiement de la taxe résulte d'un cas de force
majeure, être relevé de la déchéance ? En droit nous le
pensons car les mêmes raisons subsistent malgré le délai
de grâce. Mais, en fait, il est certain que, le breveté ayant
trois mois, du jour de l'échéance, pour payer la taxe, il lui
sera bien difficile de prouver qu'un cas de force majeure
l'a matériellement empêché de faire son paiement.

De même la solution de la question de savoir si le nouveau
délai de la loi de 1902 se compte de jour à jour, d'heure
à heure, doit être la même que sous l'empire de l'ancien
article 32.

L'annuité devra donc être payée avant l'expiration du
délai de trois mois à dater de l'échéance. Mais qui doit
payer cette annuité ?

Quand le brevet appartient à une seule personne qui
l'exploite elle-même c'est elle qui doit payer les annuités.
Si le breveté a un mandataire chargé du paiement des annuités ce dernier peut être rendu responsable de la déchéance encourue par sa faute et passible par ce fait d'une
condamnation à des dommages et intérêts. C'est là un cas
simple. Mais des difficultés peuvent surgir lorsque le brevet appartient à plusieurs personnes, soit qu'il ait été
pris en commun, soit que cette copropriété résulte de ces-
sions partielles, d'une mise en société ou d'une mutation
par décès. Dans ce cas, si aucun arrangement n'est intervenu entre les copropriétaires ou les coassociés pour

charger l'un d'eux d'effectuer le paiement des annuités, chacun doit veiller à ce paiement. Au cas de déchéance pour non paiement de l'annuité tous les copropriétaires doivent en supporter les conséquences.

Si l'inventeur a concédé une licence de son brevet est-ce lui ou bien le licencié qui doit payer les annuités? Un arrêt de la Cour de Rouen du 20 décembre 1871 [1] a décidé que la taxe du brevet est une charge fiscale, un véritable impôt qui doit être acquitté par celui qui a la jouissance du brevet ainsi que cela résulte des termes de l'article 608 du Code civil. Pourtant un arrêt de la Cour de la Cassation du 29 novembre 1865 [2] semblait décider le contraire ; mais dans l'espèce le breveté, tout en concédant une licence, ayant conservé le droit d'exploiter son invention, était tenu de veiller à raison de cette jouissance au paiement des annuités. Nous estimons, comme le premier arrêt que nous venons de citer, que le licencié est responsable vis-à-vis du breveté de la déchéance encourue pour non paiement de la taxe ; cependant si le breveté, en concédant une licence à un tiers, s'était réservé le droit d'exploiter son invention, il serait tenu concurremment avec son licencié du paiement de la taxe, car l'un des intéressés ne pourrait imputer à l'autre une déchéance dont tous deux seraient également responsables.

Reste la question de la complexité du brevet que nous avons mentionnée précédemment.

Le brevet complexe tombe-t-il en déchéance pour défaut de paiement de la taxe, alors même que le paiement de la taxe exigée par la loi a été effectué en temps utile?

En premier lieu examinons comment peut naître la

1. *Annales*, 73-63.
2. *Annales*, 66-247.

controverse. La demande de brevet, qui n'est pas limitée
à un seul objet principal, est contraire aux prescriptions
de l'article 6 de la loi de 1844 et, aux termes de l'article 12
de cette même loi, doit être rejetée. Mais que faut-il décider au cas où le brevet a été délivré par l'administration malgré la complexité de son objet? Blanc[1] déclare :
« Tout brevet est astreint au paiement d'une taxe ; à dé-
» faut de paiement il est frappé de déchéance. D'un autre
» côté, un brevet ne doit contenir qu'un objet principal.
» Donc un brevet, qui contient plusieurs objets princi-
» paux, forme en réalité plusieurs brevets qui sont frap-
» pés de déchéance pour défaut de paiement d'une taxe. »
Ce principe est incontestable ajoute Blanc et on est obligé
de reconnaître que, si un même brevet contient plusieurs
inventions, toutes ces inventions, moins une, doivent
être frappées de déchéance, puisqu'une seule taxe a été
payée par le titulaire du brevet ; or il est impossible
de savoir pour quelle invention la taxe a été payée : il
faut donc conclure qu'elles sont toutes frappées de déchéance.

Ce système n'est pas acceptable. En effet, puisqu'une
taxe a été payée, l'une des inventions faisant l'objet du
brevet complexe devrait être garantie et le brevet, en tant
que se rapportant à cette invention, ne devrait pas tomber
en déchéance. Blanc dit bien qu'on ne peut choisir entre
les objets décrits dans le brevet et qu'alors la déchéance
s'étend à tous. Mais ce n'est là qu'une subtilité, subtilité
d'ailleurs obligatoire, car Blanc, nous l'avons vu, étant
partisan de la déchéance totale, ne pouvait faire exception
à ce principe même au cas de complexité du brevet. De
plus l'article 32 de notre loi, qui énumère les causes de

1. Blanc, n° 551.

déchéance des brevets, ne fait pas mention de la complexité ; on ne peut donc pas l'interpréter dans un sens plus large car, contenant des pénalités, il est de droit étroit.

SECTION II

LÉGISLATIONS ÉTRANGÈRES

Les législations étrangères sont en général, en ce qui concerne la déchéance pour défaut de paiement de la taxe, moins rigoureuses que la loi française. Certaines en effet admettent des remises de taxe aux inventeurs peu fortunés ; d'autres font progresser la taxe, faible dans les premières années et augmentant à mesure que l'on approche du terme final du monopole. Enfin il en est certaines qui publient les brevets tombés en déchéance. Cette publication est une excellente chose car elle permet ainsi aux industriels et aux commerçants de connaître les inventions qu'ils peuvent exploiter sans craindre de poursuites en contrefaçon.

La loi allemande du 7 avril 1891 déclare déchu le brevet « dont les taxes ne sont pas en temps utile payées à » la caisse du Patentamt ou à un bureau de poste situé » dans l'Empire d'Allemagne pour être transmises à la- » dite caisse » (art. 9).

Avant la délivrance de chaque brevet l'inventeur doit payer une taxe de 30 marks (art. 8) ; cette taxe qui est la première taxe annuelle doit être payée dans les deux mois qui suivent la publication du brevet (art. 21-1°). Ce délai part du jour de la distribution, à Berlin, du numéro du

Reichsanzeiger (*Moniteur de l'Empire*) qui contient cette publication, ce jour compris ; on peut s'acquitter par l'intermédiaire de la poste. Ce délai doit être rigoureusement observé car, si le paiement n'a pas lieu dans ce délai, la demande du brevet est considérée comme retirée (art. 21-2°). En outre, l'inventeur doit payer pour tout brevet, au début de la seconde année de sa durée et de chacune des années suivantes, une taxe qui est pour la première fois de 50 marks et qui augmente ensuite de 50 marks chaque année (art. 8-2°).

Ainsi donc en Allemagne il y a une progression dans le montant de l'annuité contrairement au système français où la taxe est annuellement uniforme. Cette taxe doit être payée dans les six semaines qui suivent l'échéance, ce terme écoulé, le paiement ne peut plus se faire que moyennant une taxe additionnelle de 10 marks et cela dans un nouveau délai de six semaines (art. 8-3°). Les dimanches et les jours fériés ne sont pas compris comme en France dans ces délais lorsqu'ils les terminent. Passé ce délai de grâce le brevet tombe en déchéance : cette déchéance est mentionnée au rôle du Patentamt et en même temps publiée par le *Reichsanzeiger*. Pourtant le breveté qui prouve son indigence peut obtenir, pour le paiement des taxes de la première et de la seconde année de son brevet, un sursis allant jusqu'à la troisième année et même une remise complète des taxes si le brevet s'éteint durant la troisième année (art. 8-4°). C'est cette réforme qui devrait être introduite en France. On sait que les premières années sont pénibles pour l'inventeur pauvre obligé de faire des sacrifices pécuniaires souvent considérables afin de réaliser industriellement son invention. La loi française l'a bien compris puisque, comme toutes les lois étrangères, elle accorde à l'inventeur un délai pour l'exploitation du brevet. Pourquoi alors le législateur français n'a-t-il pas facilité la tâche du breveté sans ressource en lui accordant comme la loi allemande un sursis? Ce serait là une réforme urgente de notre loi.

La loi belge du 24 mai 1854, modifiée par la loi du 27 mars 1857, établit comme la loi allemande une progression dans le montant de l'annuité. « Il sera payé » pour chaque brevet, dit l'article 3, une taxe annuelle et » progressive ainsi qu'il suit :

$$1^{re} \text{ année}................ \quad 10 \text{ francs.}$$
$$2^e \text{ année}................ \quad 20 \text{ francs.}$$
$$3^e \text{ année}................ \quad 30 \text{ francs.}$$

» et ainsi de suite jusqu'à la vingtième année pour la» quelle la taxe sera de 200 francs. » Lorsque la taxe n'aura pas été payée dans le mois de l'échéance, le titulaire du brevet, après avertissement préalable, devra, sous peine d'être déchu des droits que lui confère son titre, acquitter, avant l'expiration des six mois qui suivront l'échéance outre l'annuité exigible, une somme de 10 francs (art. 22). Nous voyons ici fonctionner le système de l'avertissement préalable réclamé lors du Congrès de 1900 et que la commission du commerce et de l'industrie de la Chambre des Députés française n'a pas voulu admettre comme obligatoire pour le gouvernement.

La loi danoise du 13 avril 1894 (art. 7) fixe la taxe annuelle à :

25 couronnes pour chacune des 3 premières années.

50 couronnes pour chacune des 3 années suivantes.

100 couronnes pour chacune des 3 années suivantes.

200 couronnes pour chacune des 3 années suivantes.

300 couronnes pour chacune des 3 dernières années.

Le total des taxes atteint donc pour 15 ans 2,025 couronnes, soit environ 2,835 francs. C'est un chiffre qui paraît très élevé pour un petit pays. Mais il est nécessaire de remarquer que les six premières annuités ne montent qu'à 225 couronnes, soit 37 couronnes 1/2 par an en moyenne, qu'il y a une progression et que de plus, la plupart des brevets sont abandonnés durant cette période de six années.

La taxe annuelle est payable avant le commencement de l'année à laquelle elle se rapporte ; en cas de retard, durant les trois premiers mois de l'année du brevet, la taxe est augmentée d'un cinquième de son montant normal ; si le paiement n'a pas lieu à l'expiration de ces trois mois le brevet tombera en déchéance.

Le système de l'avertissement préalable existe aussi dans la législation danoise : si le paiement de la taxe n'a pas eu lieu au commencement de l'année du brevet, la commission des brevets doit en aviser le propriétaire, par lettre recommandée, dans le mois qui suit.

Les déchéances pour non-paiement des taxes sont mentionnées dans le registre de la commission et publiées dans le bulletin de la commission et dans le *Berlingske Tidende* (journal officiel) (art. 21 et 22).

La loi espagnole du 16 mai 1902 fixe elle aussi une taxe progressive et annuelle (art. 48) :

10 piécettes la 1re année.
20 piécettes la 2e année.
30 piécettes la 3e année.

et ainsi de suite jusqu'à la cinquième, dixième ou vingtième année où la taxe sera respectivement de 50,100 et 300 piécettes. Sous le régime de la loi de 1826 la taxe était unique et variait de 280 à 1,620 piécettes selon la durée du brevet. Ces taxes annuelles doivent être payées chaque année avant la fin du mois dans lequel le brevet a été délivré ou dans les trois mois suivants moyennant une surtaxe de 10, 20 ou 30 piècettes, respectivement pour un, deux ou trois mois de retard (art. 40).

Les déchéances pour défaut de paiement de la taxe sont publiées dans le *Bulletin officiel de la propriété intellectuelle et industrielle.*

La loi anglaise du 25 août 1883 oblige, sous peine de déchéance (section 17), le breveté à faire les paiements dans les délais légaux c'est-à-dire chaque année au jour de la date du brevet, ce jour inclus. La taxe de 4 livres (nouveau tarif de 1892) que le breveté doit payer pour obtenir la délivrance de son brevet assure l'existence de ce dernier pendant quatre ans. A partir de la cinquième année il y a une taxe progressive commençant par 5 livres la cinquième année, et augmentant chaque année d'une livre jusqu'à la taxe finale de 14 livres pour la quatorzième année. Au cas ou par accident, erreur ou inadvertance, dit la loi (section 17-3°), le breveté manquerait de faire le paiement présent dans le délai prévu, il pourra solliciter du contrôleur du Patent office (office des brevets) une augmentation de délai pour effectuer le paiement. Si le contrôleur est convaincu du bien fondé de la demande il accordera une prolongation qui ne pourra excéder trois mois et le breveté devra payer une taxe de prolongation de une, deux ou trois livres selon la durée de la prolongation. De plus, si le jour de l'échéance de la taxe se trouve dit la section 98 « le jour de Noël, le » Vendredi-Saint, un samedi, un dimanche ou un jour » observé comme férié par la Banque d'Angleterre, ou en-» core un jour de jeûne public ou d'action de grâce,

» jours désignés dans la présente loi comme jours exclus,
» il sera permis de payer ladite taxe le jour qui suivra
» le jour exclu, ou les jours exclus s'il y en a deux ou plu-
» sieurs consécutifs ».

La déchéance pour défaut de paiement est transcrite sur un registre *ad hoc* du Patent Office.

La loi italienne du 30 octobre 1859 établit une taxe annuelle et une taxe proportionnelle (art. 14). La taxe proportionnelle consiste en une somme d'autant de fois dix lires qu'il y a d'années indiquées dans la demande de privilège. La taxe annuelle est de 40 lires pour les trois premières années, 65 lires pour les trois années suivantes, de 90 lires pour la septième, huitième et neuvième année, de 115 lires pour la dixième, onzième et douzième année, de 140 lires pour les trois dernières années. La taxe proportionnelle et la première annuité doivent être payées au moment de la présentation de la demande du brevet ; les autres annuités, par anticipation, le premier jour de chaque année de la durée du brevet (art. 15). Si le paiement n'a pas été effectué dans les trois mois du jour de l'échéance le brevet tombe en déchéance et est inscrit sur la liste des brevets déchus publiée par les soins de l'autorité administrative.

La loi du Grand-Duché de Luxembourg du 30 juin 1880 (art. 8 et 15) oblige, sous peine de déchéance, le breveté à payer par anticipation, dans les trois mois de l'échéance, une taxe annuelle et progressive de 10 francs la première année, 20 francs la seconde, 30 francs la troisième et ainsi de suite jusqu'à la quinzième année pour laquelle la taxe est de 150 francs.

Le même régime existe dans la loi norvégienne du 16 juin 1885. La déchéance est encourue quand les ver-

sements des annuités n'ont pas été opérés chaque année
le jour de l'échéance ou dans les trois mois qui suivent
cette dernière ; dans ce dernier cas une taxe supplémentaire de 1/5 du montant de l'annuité est due par le breveté
(art. 6 et 25). Une somme de 30 couronnes, soit quarante-
deux francs, doit être versée lors de la demande de brevet
et il est dû en outre à partir de la deuxième année d'exploitation, une annuité de 10 couronnes (14 francs) qui
subira une majoration annuelle de 5 couronnes (7 francs)
pour chacune des années suivantes jusqu'à la quinzième
année.

La loi russe des 20 mai-1ᵉʳ juin 1896 oblige le breveté
à payer annuellement par anticipation les taxes suivantes [1] :

1ʳᵉ année	15 roubles.
2ᵉ année	20 roubles.
3ᵉ année	25 roubles.
4ᵉ année	30 roubles.
5ᵉ année	40 roubles.
6ᵉ année	50 roubles.
7ᵉ année	75 roubles.
8ᵉ année	100 roubles.
9ᵉ année	125 roubles.
10ᵉ année	150 roubles.
11ᵉ année	200 roubles.
12ᵉ année	250 roubles.
13ᵉ année	300 roubles.
14ᵉ année	350 roubles.
15ᵉ année	400 roubles.

« Ces taxes, dit l'avis du Conseil d'État précédant la loi,
» seront payées :

1. Avis du Conseil d'État précédant la loi, numéro IV.

» 1° La première année dans le délai de trois mois à
» compter de la notification informant le requérant que
» le Comité des affaires techniques attaché au départe-
» ment du commerce et des manufactures a admis la déli-
» vrance du brevet ;

» 2° Les années suivantes, chaque année par anticipa-
» tion à compter de la date à laquelle le brevet a été si-
» gné etc. »

La loi suédoise du 16 mai 1884 exige, pour chaque demande de brevets, le paiement d'une somme de 20 couronnes (28 francs). En outre le breveté doit payer une taxe
annuelle de 25 couronnes (35 francs), les deuxième, troisième, quatrième et cinquième années de la durée du brevet ; de 50 couronnes (70 francs) pour chacune des cinq
années suivantes, enfin de 75 couronnes (105 francs) pour
les cinq dernières années. Sous peine de déchéance, ces
paiements doivent être effectués, par anticipation, le jour
de l'échéance ou quatre-vingt-dix jours après avec majoration d'un cinquième de l'annuité.

La loi suisse du 29 juin 1888 exige le paiement d'une
taxe de dépôt de 20 francs et d'une taxe annuelle et progressive, très minime la première année (20 francs) avec
augmentation de 10 francs chaque année, jusqu'à l'expiration de la quinzième année terme final du monopole de
l'inventeur (art. 6). La taxe est payable par avance et au plus
tard dans les trois mois qui suivent l'échéance (art. 9).

Pourtant, si l'inventeur est domicilié en Suisse (art. 8)
et se trouve sans ressources, il peut obtenir pour le paiement des trois premières annuités un délai qui s'étendra
jusqu'au commencement de la quatrième année ; et si à
ce moment l'inventeur laisse tomber son brevet dans le
domaine public, il lui sera fait remise des taxes échues.

La loi autrichienne du 11 janvier 1897 dit dans son article 114 :

« Pour chaque brevet et pour chaque brevet additionnel
» il sera payé lors du dépôt de la demande une taxe de
» dépôt de 10 florins.

» Il sera payé en outre pour chaque brevet une taxe
» annuelle dont l'importance sera déterminée par la durée
» de la protection demandée.

» Cette taxe est fixée comme il suit :

1ʳᵉ année	20 florins.
2ᵉ année	25 florins.
3ᵉ année	30 florins.
4ᵉ année	40 florins.
5ᵉ année	50 florins.
6ᵉ année	60 florins.
7ᵉ année	80 florins.
8ᵉ année	100 florins.
9ᵉ année	120 florins.
10ᵉ année	140 florins.
11ᵉ année	180 florins.
12ᵉ année	200 florins.
13ᵉ année	260 florins.
14ᵉ année	300 florins.
15ᵉ année	340 florins.

» Les taxes annuelles sont payables d'avance, d'année
» en année, à partir de la date de la publication de la
» demande dans le journal des brevets ; elles peuvent être
» acquittées pour un brevet soit annuellement, soit en
» une fois pour plusieurs années ou pour la période en-
» tière de quinze ans, à la caisse du Bureau des Brevets.

» La taxe annuelle pour la première année doit être
» acquittée au plus tard dans les trois mois qui suivent la

» publication de la demande dans le *Journal des Brevets.*
» Si le paiement n'est pas effectué pendant ce délai, la
» demande est considérée comme retirée.

» Les taxes annuelles de la deuxième à la quinzième
» année doivent être acquittées au plus tard dans les trois
» mois qui suivent leur échéance. Chaque fois que la
» taxe annuelle, relative à un brevet délivré, sera payée
» après la date de l'échéance, il y aura lieu d'acquitter en
» sus de la taxe annuelle une taxe additionnelle de 5 flo-
» rins.

» Les taxes annuelles peuvent être acquittées par toute
» personne intéressée au brevet dont il s'agit.

» Les personnes justifiant de leur indigence et les ou-
» vriers en mesure d'établir qu'ils ne disposent que de
» leurs salaires peuvent, s'ils demandent un brevet en
» leur propre nom, à titre d'auteurs de l'invention, obte-
» nir un sursis pour le paiement de la taxe de dépôt de
» la première annuité du brevet ou seulement pour le
» paiement de la première taxe annuelle jusqu'à l'expira-
» tion du troisième mois qui suit l'échéance de la seconde
» annuité et, si le brevet expire au commencement de la
» seconde année, les taxes dont il s'agit, peuvent leur
» être complètement remises. »

Dans toutes les législations précédentes nous avons
remarqué que la taxe était annuelle et progressive. Certains pays au contraire admettent un système complètement opposé, celui de la taxe unique payable lors de la
délivrance du brevet, ou dans un délai très court.

Les États-Unis dans les statuts révisés (Revised Sta-
tutes) du 22 juin 1874 n'admettent pas le principe de la
taxe annuelle et progressive. L'inventeur doit payer, lors
de la délivrance de son brevet, une taxe d'environ 40 dol-

lars. S'il ne verse pas cette somme dans le délai de six mois à dater du jour où le brevet a été inscrit et accordé et où l'avis lui en a été donné, il y aura bien déchéance mais, ajoute le statut révisé n° 4897, « il aura le droit de » faire une demande de brevet pour cette invention ou » découverte dans les mêmes conditions que s'il s'agissait » d'une première demande. Toutefois, cette seconde de- » mande doit être formulée dans les deux ans du dépôt » de la première. Mais personne ne pourra être rendu » responsable du fait d'avoir fabriqué ou employé, avant » la délivrance du brevet, des articles ou objets pour les- » quels un brevet aura été accordé à la suite d'une de- » mande ainsi renouvelée. Et, en matière de demandes » présentées selon les dispositions de la présente section, » l'abandon sera considéré comme une question de fait ».

La déchéance dans la loi américaine est donc très ré- duite ; après le paiement de cette première et dernière taxe le breveté n'a pas à se préoccuper, comme dans les autres pays, du jour de l'échéance. On peut dire en un mot que la déchéance pour défaut de paiement de la taxe n'existe pas.

Il en est de même dans la loi portugaise du 21 mai 1896 : on ne voit dans cette loi aucune trace de déchéance, car la délivrance du brevet est subordonnée au paiement préalable d'une taxe unique, calculée, suivant nombre d'années de la protection, dans les limites de quinze ans à raison de 3.000 reiss par an (16 fr. 80).

De même la loi chilienne du 9 septembre 1840 n'exige qu'une taxe de 50 pesos soit 250 francs lors de la déli- vrance du brevet. Le brevet n'est délivré qu'après le paie- ment de cette taxe. Dans cette législation il n'y a donc pas non plus de déchéance pour non paiement de la taxe.

CHAPITRE III

DE LA DÉCHÉANCE POUR DÉFAUT D'EXPLOITATION

SECTION PREMIÈRE

LÉGISLATION FRANÇAISE

L'article 32 § 2 de la loi du 5 juillet 1844 édicte une seconde cause de déchéance. « Sera déchu de tous ses droits :
» ..... 2° le breveté qui n'aura pas mis en exploitation sa
» découverte ou invention en France dans le délai de deux
» ans, à dater du jour de la signature du brevet, ou qui
» aura cessé de l'exploiter pendant deux années consécu-
» tives à moins que dans l'un ou l'autre cas, il ne justifie
» des causes de son inaction ; » cette cause de déchéance
avait déjà été établie par la loi de 1791 article 16-4°.
« Tout inventeur, portait ce texte, qui, dans l'espace de
» deux années à compter de la date de sa patente, n'aura
» point mis sa découverte en activité, ni qui n'aura point
» justifié des raisons de son inaction, sera déchu de sa
» patente. » Le législateur de 1844 a reproduit et précisé
cette disposition. « Le breveté, dit-il, qui n'aura pas mis
» en exploitation sa découverte ou invention en France
» dans le délai de deux ans à dater du jour de la signature
» du brevet, ou qui aura cessé de l'exploiter pendant deux

» années consécutives, à moins que dans l'un ou l'autre
» cas il ne justifie des causes de son inaction, sera déchu
» de tous ses droits. » Ce délai de deux années accordé
par la loi de 1844 à l'inventeur pour exploiter sa découverte a été, lors de la discussion de cette loi, très criti-
qué notamment par Arago. « Cette disposition existe
» dans la législation d'un très grand nombre de pays, mais
» on ne la retrouve pas dans celle des deux peuples chez
» lesquels l'industrie s'est développée avec le plus de
» splendeur et de rapidité : cette disposition n'existe pas
» je crois en Amérique, je suis certain qu'il n'y en a pas
» de trace en Angleterre.

» On s'imagine qu'on ne fait pas un grand tort aux in-
» venteurs par cette prescription impérieuse. On se trompe
» beaucoup. Les inventeurs ont ordinairement peu de
» fortune. Ils se présentent toujours devant des capitalistes
» pour obtenir les moyens de réaliser ce qui, jusque-là,
» n'était qu'une idée. Eh bien, les capitalistes reculent
» devant la menace d'une déchéance prochaine ; ils savent,
» par expérience, que les grandes découvertes n'ont pu
» être appliquées complètement, utilement appliquées,
» après le court intervalle de deux ans. »

Et il citait à l'appui de son opinion des inventeurs
littéralement morts de faim à côté de leurs découvertes
restées infructueuses faute de ressources pour les mettre
en activité. Tels Leblanc, le chimiste qui a enrichi son
pays en trouvant le moyen d'extraire la soude du sel marin,
et citant à l'appui de son dire ceux qui, comme Girard
Watt et tant d'autres, étaient restés cinq, huit et dix ans
sans pouvoir faire adopter leur idée par le public, Arago
montrait l'impossibilité dans laquelle se trouve bien souvent l'inventeur de réunir les fonds et de se créer les rela-

tions nécessaires à l'exploitation de sa découverte et il ajoutait en terminant : « Quelque bonne qu'ait été une » grande idée, vous trouverez rarement qu'elle ait pu » prendre racine et porter des fruits dans le court espace » de deux années. »

Quels sont donc les motifs qui ont poussé le législateur à établir une telle règle ? Ce sont des motifs d'une haute gravité tenant à la nature même du contrat passé entre l'inventeur et la société. Cette dernière doit garantir à l'inventeur la libre jouissance de sa découverte, fruit de son travail et de son intelligence, ainsi qu'une juste rémunération de ses peines. Mais à côté de l'intérêt de l'inventeur se trouve aussi l'intérêt de la société qui espère trouver dans la nouvelle découverte un instrument d'activité et de progrès. C'est pourquoi, si la société a accordé à l'inventeur le droit d'exploiter d'une façon exclusive sa découverte sans le contraindre à la céder ou à la louer, elle a voulu, en échange de ce monopole, jouir des avantages qui résultaient de cette invention pour le commerce ou l'industrie. C'est la conciliation de ces deux intérêts antagonistes que le législateur a recherchée.

Il n'a pas voulu que le breveté pût arrêter dans son essor, en laissant inexploitée une découverte, toutes les branches du commerce s'y rapportant, ni élevât une barrière où viendraient se heurter les producteurs : c'est cette même idée qu'exprimait M. Pataille au Congrès international de 1878 lorsqu'il disait : « Pour arriver à ce que » vous avez voulu obtenir par l'institution des brevets, il » faut protéger dans chaque pays l'industrie nationale et » favoriser le progrès en délivrant aux inventeurs la re- » connaissance à laquelle ils ont droit : mais en échange » ils doivent de leur côté récompenser par leur production

» l'industrie du pays qui leur accorde un monopole mo-
» mentané. »

C'est une idée fort juste. Mais l'inventeur a souvent, sinon toujours, à lutter contre des préjugés, contre la mauvaise volonté des industriels dont la nouvelle découverte vient modifier complètement l'industrie. C'est pourquoi l'inventeur doit entreprendre une lutte d'où il est difficile qu'il sorte vainqueur. Ce sera généralement très tard, après sa mort, que l'on rendra justice à son invention.

De plus, d'autres obstacles, plus terribles encore, se dressent devant l'inventeur : c'est la misère et la pauvreté. Aussi eût-ce été injuste d'obliger l'inventeur à exploiter de suite sa découverte. Un délai lui est accordé et cela dans toutes les législations afin de lui permettre de prendre ses mesures pour trouver les capitaux nécessaires à l'exploitation de l'invention.

« Si la société, disait M. Philippe Dupin, rapporteur de
» la loi, consent à se déshériter pour un temps du droit
» d'exploiter librement une découverte utile, c'est pour
» reporter les avantages de cette exploitation à l'inventeur.
» Mais, s'il les dédaigne ou les délaisse, il est censé les
» abdiquer et il en est déchu. »

« . L'exploitation réelle et effective de la découverte est
» la condition obligatoire de la délivrance des brevets
» (disait à la Chambre des Députés M. Cunin-Gridaine,
» ministre de l'Agriculture et du Commerce dans son
» exposé des motifs de la loi de 1844). Il ne faut pas qu'à
» l'aide d'un semblable titre on puisse dans un cas donné,
» empêcher en France l'exercice d'une industrie ou la
» construction d'un appareil dont l'exploitation aurait lieu
» à l'étranger. L'article 16 de la loi du 7 janvier 1791 im-

» posait aux brevetés l'obligation d'exploiter : nous avons
» cru qu'il était convenable de la maintenir. »

La loi de 1844 n'admet donc pas que l'inventeur entrave pendant quinze années le développement et le progrès de l'industrie par son inaction. La loi de plus présume que, si l'inventeur est resté deux années sans chercher à tirer parti de sa découverte, c'est qu'il a voulu y renoncer. La loi présume par conséquent l'abandon volontaire du monopole.

L'article 32 alinéa 2 n'oblige pas seulement le breveté à commencer l'exploitation de son invention dans les deux années qui suivent la signature du brevet, mais encore à ne pas cesser cette exploitation pendant deux années consécutives. Les motifs de cette disposition sont les mêmes que ceux qui ont poussé le législateur à ordonner la mise en exploitation de l'invention dans les deux années qui suivent la délivrance du brevet. Le projet originaire de la loi de 1844 frappait même de déchéance le brevet dont l'exploitation était interrompue pendant une année. Ce fut grâce à l'intervention d'Arago dans la discussion que le délai fut prolongé d'une année [1].

Cette déchéance, pour interruption pendant deux années de l'exploitation d'une invention, n'était pas prononcée par la loi de 1791 : c'est une nouveauté de la loi de 1844. D'ailleurs il faut que l'interruption dure deux années consécutives. Plusieurs interruptions momentanées d'une durée inférieure à deux années et dont le total donnerait une durée de deux années et plus n'entraînerait pas la déchéance. Cette solution n'est d'ailleurs pas contestée.

L'article 32 déclare que le délai part du jour de la signa-

1. Voir, page 49.

ture du brevet : comment faut-il interpréter le sens du mot signature?

Un premier système, soutenu notamment par Blanc[1], déclare que le délai part du jour du dépôt de la demande du brevet d'invention. Si l'article 32 porte : « A dater de la signature du brevet » cela tient à une erreur de rédaction. Il ne peut en effet en être autrement, car, disent les partisans de ce premier système, tout ce qui touche soit au calcul des droits à payer, soit aux obligations du breveté se règle à compter du jour du dépôt de la demande de brevet. Pourquoi alors lorsqu'il s'agit de l'exploitation, obligation à laquelle doit se soumettre l'inventeur sous peine de déchéance de son brevet, adopter un autre point de départ du brevet? Si la loi de 1844 avait voulu établir une exception à ce principe, elle eût certainement indiqué cette exception d'une façon précise; or rien dans la discussion de la loi, dans les rapports, dans l'exposé des motifs, n'indique cette exception. Par conséquent il ne faut pas s'en tenir aux termes mêmes de la loi qui pourraient prêter à l'équivoque, mais à son esprit et aux principes qu'elle a admis pour le calcul des délais.

Un second système au contraire soutient qu'il est impossible d'échapper à la précision même du texte. L'interprétation ne peut pas être autre que celle donnée par l'article 32, d'autant plus que c'est là une disposition pénale et par conséquent de stricte interprétation. D'ailleurs, si la première solution était admise, le breveté n'aurait pas en réalité un délai de deux années pour exploiter. En effet l'inventeur, tant que son brevet n'est pas signé, ne sait pas s'il obtiendra le monopole qu'il sollicite. Il est vrai que le système français n'admet pas l'examen préalable ; mais

1. Blanc, page 567.

l'administration qui reçoit la demande de brevet peut la refuser, l'invention étant contraire aux bonnes mœurs ou n'étant pas susceptible d'être brevetée. Aussi le breveté ne prendra-t'il des mesures utiles en vue de l'exploitation de sa découverte que du jour où il sera fixé sur l'étendue de ses droits, c'est-à-dire du jour de la signature du brevet.

Bédarride dit du reste avec raison[1] :« La déchéance est » une peine et en matière de peine tout est essentielle-» ment de droit étroit. L'erreur de rédaction fut-elle dé-» montrée et admise, que des tribunaux n'auraient ni le » droit ni le pouvoir de la corriger, ce fait n'appartenant » et ne pouvant appartenir qu'au législateur. »

Ce second système a été adopté par la majorité des auteurs et la jurisprudence s'y range unanimement.

Le délai, au bout duquel l'inventeur est obligé d'exploiter sa découverte, est donc de deux années à partir du jour de la signature du brevet, c'est-à-dire de sa délivrance. Quels sont les caractères de l'exploitation dont le défaut ou la cessation constitue une cause de déchéance?

En premier lieu l'exploitation doit être sérieuse et réelle : elle ne doit pas consister en un simple simulacre. Comment donc reconnaître si l'on est en présence d'une entreprise sérieuse? La loi n'établit pas de critérium, elle ne détermine ni la nature, ni l'étendue de l'entreprise que doit engager et poursuivre le breveté. Ce silence est fort sage ; un critérium établi par le législateur eût été mauvais. C'est d'après les données industrielles connues qui peuvent se modifier de jour en jour que les tribunaux apprécieront le caractère de l'exploitation. « Pour que l'exploi-» tation satisfasse aux vœux de la loi, dit M. Allart[2], il

1. Bédarride, n° 453.
2. Allart, n° 312.

» n'est pas nécessaire qu'elle soit considérable ; comme le
» fait remarquer avec raison un arrêt de la Cour de Col-
» mar du 7 décembre 1864, l'article 32 n'en détermine ni
» la nature ni l'étendue ; il suffit qu'elle soit réelle, sé-
» rieuse, et qu'elle exclut cette pensée de renonciation
» qui est l'une des présomptions servant de base à la dé-
» chéance. Il importe peu également que l'exploitation soit
» plus ou moins fructueuse et la déchéaance ne serait pas
» encourue alors même que le breveté, au lieu de recueil-
» lir des bénéfices, n'aurait réalisé que des pertes. De
» même on ne saurait reprocher à l'inventeur de n'avoir
» vendu aucun de ses produits, s'il en a fabriqué et mis
» en vente et s'il a fait tous ses efforts pour faire entrer
» l'objet de son invention dans le commerce. »

« Peu importe, dit M. Pelletier [1], que le breveté réu-
» sisse ou non, qu'il recueille ou non des profits pécu-
» niaires. La loi ne lui demande que d'exploiter, c'est-à-
» dire fabriquer et de mettre en vente le produit dont il a
» le monopole. »

Il faut, en second lieu, que l'exploitation porte sur un
objet identique à celui qui a été breveté. Il ne faudrait
pas croire cependant que la modification de l'objet décrit
dans le mémoire descriptif, annexé au brevet, entraîne,
malgré l'exploitation, la déchéance. Une distinction est
nécessaire.

« Si la modification est tellement profonde, dit M. Al-
» lart [2], que l'invention primitive se trouve complètement
» transformée, il est bien évident que le brevet n'est pas
» exploité et qu'il doit en conséquence être déclaré dé-
» chu. Mais il en est autrement lorsqu'il s'agit d'une dif-

1. Pelletier et Vidal Naquet, *La Convention d'Union*, n° 107.
2. Allart, 346.

» férence légère, qui laisse subsister les caractères essen-
» tiels de l'invention ; dans ce cas le breveté ne perd pas
» son droit, pour avoir apporté à sa découverte certaines
» modifications, qui n'en changent pas la nature et aux-
» quelles il a pu être conduit d'une façon insensible et
» fatale au cours de son exploitation. »

D'ailleurs la loi a prévu ces modifications, puisqu'elle a institué les certificats d'addition qui permettent à l'inventeur de garantir les changements apportés à l'invention primitive et dont l'exploitation ne peut avoir pour conséquence de faire tomber le brevet principal, à moins que cette modification, ce changement à l'objet primitif ne soient exploités sans le concours et l'intervention de la découverte primitive.

Il faut en troisième lieu que l'exploitation émane du breveté lui-même ou de ses ayants droit. Le breveté n'est pas tenu d'exploiter lui-même sa découverte. Un cessionnaire, un licencié peuvent exploiter une invention ainsi que toute autre personne représentant le breveté ou du moins munie de son autorisation. Si l'exploitation émanait d'un tiers n'ayant aucun titre pour représenter le breveté il n'en serait plus de même. Il y aurait contrefaçon et le breveté serait déchu car, dit avec une grande justesse M. Allart [1] : « Il est inadmissible que le breveté
» puisse invoquer à son profit une exploitation illicite
» dont il peut poursuivre la répression devant les tribu-
» naux. »

De même inversement le breveté pourrait-il être déclaré déchu de son brevet sous prétexte qu'il a toléré des contrefaçons qu'il connaissait, renonçant ainsi tacitement à son privilège ? Nous ne le croyons pas. Ce sont là peut-

1. Allart, n° 350.

être des présomptions, non des preuves ; et si malgré cette renonciation tacite il est établi que l'inventeur n'a jamais cessé d'exploiter son brevet, il est à l'abri de la déchéance.

Il peut de plus se présenter que le brevet de perfectionnement et le brevet principal n'appartiennent pas à la même personne. Or dans ce cas le tiers perfectionneur ne peut exploiter le perfectionnement qu'avec l'assentiment du breveté principal. S'il passait outre il serait contrefacteur. La loi établit donc un obstacle légal à l'exploitation du perfectionnement par le tiers perfectionneur, quand ce dernier n'est pas muni de l'autorisation du breveté principal.

M. Pouillet déclare que [1] : « Si en fait il était établi que
» le propriétaire du brevet de perfectionnement pouvait
» facilement s'entendre avec le breveté principal et,
» grâce à cet accord, exploiter sans péril son perfection-
» nement : s'il est prouvé en un mot que son inaction a
» été volontaire, qu'elle est le résultat de sa propre faute,
» et non l'effet de la situation particulière dans laquelle
» il se trouvait, il nous semble juste qu'il soit déclaré
» déchu de tous ses droits. »

La thèse de M. Pouillet nous paraît trop défavorable au breveté et nous préférons la thèse soutenue par MM. Huart et Allart [2]. « Un tel système est-il admissible
» déclare M. Huart? N'est-ce pas la négation de l'arti-
» cle 19? N'est-ce pas vouloir que le breveté exploite,
» quand la loi le lui a défendu? Et cette guerre à outrance
» faite par le breveté et cette discussion impitoyable de
» tous les expédients auxquels il pouvait avoir recours
» pour éluder l'interdiction portée en l'article 19, est-elle
» conforme à l'esprit de l'article 32? » Il suffit pour se

1. Pouillet, n° 521.
2. Huart, *Propriété industrielle*, n° 137. — Allart, n° 318.

convaincre du contraire de se reporter à la discussion qui a eu lieu à la Chambre des Députés au sujet de cet article. On avait demandé que le breveté dût justifier d'un cas de force majeure pour excuser son défaut d'exploitation : mais sur les observations de Delespaul et d'Arago les expressions beaucoup plus larges de l'article 32 furent adoptées et il fut décidé que le breveté pourrait justifier d'une cause d'excuse quelle qu'elle fut. Peut-on en trouver une plus puissante, plus péremptoire que la prohibition de l'article 19. N'est-ce pas la plus invincible des forces majeures ?

« Nous croyons plutôt, dit M. Allart, que le tiers per-
» fectionneur peut dans tous les cas se retrancher der-
» rière l'obstacle légal résultant de sa situation particu-
» lière et qu'on ne peut raisonnablement lui reprocher
» une inaction que la loi lui impose elle-même. »

Le tiers perfectionneur, non autorisé par le breveté principal, ne peut pas exploiter son perfectionnement tant que dure le monopole de ce dernier. Mais ce tiers perfectionneur doit-il exploiter son perfectionnement au lendemain même de l'expiration du monopole du brevet principal ou bien a-t-il un délai de deux années à dater de cette expiration? M. Pouillet déclare : « Remarquons en
» tout cas que lorsqu'il est jugé que le brevet principal fai-
» sait obstacle à l'exploitation du brevet de perfectionne-
» ment celui-ci doit, du moins, être exploité aussitôt après
» l'expiration du premier. Il n'y a pas lieu d'accorder à
» son auteur un délai de deux années à partir de l'expi-
» ration du brevet principal. Il a eu en effet toute la du-
» rée de ce brevet pour se préparer à exploiter son per-
» fectionnement et il serait exorbitant de lui accorder un
» nouveau délai. »

Nous n'admettons pas la thèse de M. Pouillet, car cette raison, que le tiers perfectionneur a pu se préparer à exploiter son perfectionnement pendant la durée du brevet principal, ne nous paraît pas concluante. En effet il se peut que le perfectionnement soit pris moins de deux années avant l'expiration du monopole du brevet principal et, dans ce cas alors, il y aurait deux catégories de brevetés : les tiers perfectionneurs qui auraient pris leur brevet de perfectionnement au moins deux années avant l'expiration du brevet principal et qui auraient par conséquent un délai de deux années pour commencer leur exploitation ; les tiers perfectionneurs qui auraient trouvé leur perfectionnement moins de deux années avant l'expiration du brevet principal et qui n'auraient pas alors ce délai de deux années pour commencer leur exploitation. Ce serait donc contraire à l'article 32 qui déclare que tout breveté jouit d'un délai de deux années pour commencer son exploitation ; ce serait priver du délai de la loi toute une catégorie d'inventeurs.

En second lieu, est-il très exact de dire, comme le laisse supposer M. Pouillet, que le délai accordé par la loi est concédé uniquement à l'inventeur pour préparer l'exploitation de son brevet ? Le législateur à notre avis n'a pas eu seulement cette pensée ; ce qu'il a eu surtout en vue c'est que le breveté ne prive pas la société des avantages de sa découverte ; c'est que son inaction ne laisse pas croire au public qu'il a renoncé à son privilège ; la meilleure preuve en est dans l'article 32 lui-même qui permet au breveté d'interrompre son exploitation, du moment que cette interruption ne dépasse pas deux années. Si donc le seul but du législateur de 1844, en accordant un délai, avait été de donner le temps à l'inventeur de préparer son exploitation, cette seconde partie du deuxième alinéa de l'article 32 serait inutile. Le délai de l'article 32 s'applique donc, à notre avis, aussi bien au brevet principal qu'au brevet de perfectionnement. C'est d'ailleurs la théorie adoptée par la Cour de Cassation[1].

Enfin, en dernier lieu, il faut que l'exploitation ait lieu sur le territoire français. Une des préoccupations constantes du législateur de 1844 a été de favoriser le travail national. Pas de monopole si l'on n'exploite pas en France. Aucune difficulté n'existe sur ce point. Pourtant on s'est demandé si l'exploitation en France suffit pour conserver le monopole d'un brevet aux colonies et inversement.

La France et les colonies sont placées en ce qui touche les brevets d'invention sous un même régime ; cela ressort de l'arrêté ministériel du 21 mai 1848 réglant l'application aux colonies de la loi du 5 juillet 1844. Toutes les dispositions de cet arrêté reposent sur ce principe : que les brevets délivrés aux habitants des colonies sont valables dans la métropole et réciproquement. Cette solution est, du reste, la seule équitable ; car il serait d'une rigueur excessive d'exiger, pour le maintien du monopole entier, plusieurs exploitations simultanées en France et dans chaque colonie ; les ressources des brevetés ne pourraient leur permettre de satisfaire à une semblable obligation qui équivaudrait à la privation partielle du privilège concédé.

M. Allart[2] ajoute même avec raison que « le brevet se- » rait garanti de la déchéance s'il était exploité sur un » navire français alors même que pendant deux années » consécutives ce bâtiment n'aurait touché aucun de nos

1. Cass. 6 mars 1858. D. P. 58.1.312. Rouen, 10 fév. 1859. S. 59.2.653.
2. Allart, n° 352.

» ports en France ou aux colonies. Il est en effet de prin-
» cipe que la France est partout où flotte son drapeau. »

Contrairement à la déchéance pour défaut de paiement
de la taxe qui est encourue de plein droit, comme nous
l'avons vu précédemment, lorsque le délai accordé pour
opérer le paiement est terminé, la déchéance pour défaut
d'exploitation dans les deux années n'est pas encourue de
plein droit à l'expiration de ce délai. Le breveté est admis
à faire valoir des excuses de son inaction et si les tribunaux les admettent le breveté sera exempté de la peine.
C'est ce qui résulte des derniers mots de l'article 32 qui
porte que le breveté sera déchu « à moins que... il ne justifie des causes de son inaction »,

Le projet originaire de la loi de 1844 n'admettait
comme excuse que le cas de force majeure, mais des critiques très vives s'élevèrent au sein de la Chambre des
Députés et l'amendement Delespaul soutenu vigoureuse-
ment par Arago fut adopté ; c'est cet amendement qui est
passé dans la loi.

Ainsi donc si l'inventeur n'a pas pu exploiter dans les
délais voulus, soit parce qu'il n'avait pas à sa disposition
les capitaux nécessaires qu'il lui était impossible de se
procurer, soit par suite de maladie, soit par suite d'événements politiques ou de crises commerciales, son brevet ne
sera pas déchu. La loi, il est vrai, n'indique pas quelles
sont les excuses valables ; il lui était impossible d'envisager tous les cas où le breveté mérite l'indulgence : elle
a laissé avec raison aux tribunaux le soin d'apprécier.

Le breveté n'a donc pas besoin d'invoquer des cas de
force majeure mais simplement des empêchements réels
et sérieux. L'insuffisance des ressources, les événements
politiques tels que la révolution de 1848 et la guerre de

sécession, les crises commerciales, les inventions relevant d'un monopole de l'État, des chemins de fer et non acceptées malgré les offres raisonnables du breveté, en un mot toute tentative loyale de ce genre, ont été considérés par la jurisprudence comme des excuses sérieuses, des empêchements réels que les inventeurs pouvaient invoquer.

Il faut ajouter aussi qu'une loi du 8 avril 1878, rendue à l'occasion de l'Exposition universelle, disposait que tout breveté français ou étranger ayant exposé à l'exposition un objet semblable à celui garanti par son brevet, serait considéré comme ayant exploité son invention en France depuis l'ouverture de l'exposition ; que la déchéance prévue par l'article 32 alinéa 2 de la loi de 1844 et non encore encourue serait interrompue et que le délai de la déchéance courrait de nouveau à partir de la clôture officielle de l'exposition. Une loi du 30 octobre 1888 avait pris des dispositions analogues au sujet de l'Exposition de 1889, ainsi que la loi du 30 décembre 1899 promulguée à l'occasion de l'Exposition universelle de 1900.

SECTION II

LÉGISLATIONS ÉTRANGÈRES

Dans la plupart des législations étrangères on rencontre l'obligation d'exploiter l'invention imposée au breveté sous peine de déchéance.

C'est donc le système français qui domine ; seulement le délai, dans lequel l'inventeur est tenu d'exploiter, est variable.

Il est d'un an en Belgique (art. 23 de la loi du 24 mai

1854). Toutefois, le gouvernement pourra, par arrêté royal motivé inséré au *Moniteur* avant l'expiration de ce terme, accorder une prorogation d'une année au plus. Cette prorogation devra être demandée deux mois au moins avant l'expiration du délai fixé par l'article 23 (arrêté royal du 24 mai 1854, art. 18). A l'expiration de la première année, ou du délai qui aura été accordé, le brevet sera annulé par arrêté royal.

L'inventeur doit aussi exploiter dans le délai d'une année en Colombie et au Paraguay.

La loi espagnole du 16 mai 1902, article 99, exige l'exploitation de l'invention dans le délai de trois années à partir de la date du brevet et le possesseur du brevet devra justifier, devant le bureau d'enregistrement de la propriété industrielle, qu'il a commencé l'exploitation de son brevet dans ce délai.

On entend par mise en exploitation, dit l'article 98, la fabrication, l'élaboration ou l'exécution de l'objet du brevet dans la proportion rationnelle de son emploi ou de sa consommation; et s'il n'existe pas encore de marché pour cet objet, l'existence, à la disposition du public, des machines ou matériaux nécessaires pour l'exécution de l'objet du brevet.

La loi italienne du 30 octobre 1859 établit deux délais pour l'exploitation d'une invention (art. 58). Si le brevet a été conféré pour cinq ans au moins, la découverte, à laquelle il se rapporte, doit être mise en exploitation dans l'année qui suit la concession du brevet. Si le brevet au contraire a été accordé pour plus de cinq années, le délai est alors de deux années.

Le Portugal, la Finlande, la Turquie, le Vénézuéla, la Nouvelle-Zélande, Terre-Neuve exigent aussi l'exploitation dans les deux années.

La loi allemande du 7 avril 1891 (art. 11) accorde au breveté un délai de trois années pour exploiter son invention ; de même la loi autrichienne du 11 janvier 1897, de même encore la loi du Danemark, du Luxembourg, de la Suède et Norvège, de la Suisse, du Brésil, du Japon, de l'Australie méridionale.

Le délai est de cinq années en Russie, au Guatémala, au Chili, au Pérou. Dans l'Uruguay, le délai est fixé par l'arrêté de délivrance du brevet.

L'interruption de l'exploitation pendant un certain temps est également une cause de déchéance.

Cette déchéance est encourue, après une interruption d'exploitation de trois années, en Hongrie et à Costa Rica, de deux années au Portugal et dans la République-Argentine, d'une année en Espagne, Belgique, Italie (pour les brevets de plus de cinq ans), en Suède et Norvège, au Danemark, en Turquie, au Chili, Pérou, au Guatémala, Vénézuéla, en Colombie, dans l'Uruguay.

Nous verrons que l'acte additionnel voté à Bruxelles, le 11 décembre 1900, a décidé que le breveté, dans chaque pays contractant, ne pourra être frappé de déchéance pour cause de non-exploitation, qu'après un délai minimum de trois années, à dater du dépôt de la demande dans le pays dont il s'agit.

Toutes ces législations admettent donc, comme la législation française, l'obligation d'exploiter dans des délais qui varient suivant les pays.

Cependant certaines législations possèdent un autre système : celui des licences obligatoires. Quelques-unes mêmes renferment le système de l'obligation d'exploiter renforcé par le système des licences obligatoires.

Ce système des licences obligatoires est établi en vue

de protéger l'industrie nationale contre l'inventeur qui ne veut pas exploiter son brevet. Il y a là une sorte d'expropriation pour cause d'utilité publique.

En Angleterre, d'après la loi du 18 décembre 1902 qui a modifié la section 22 de la loi principale sur les brevets du 25 octobre 1883, relative à l'octroi de licences obligatoires, le patenté qui n'exploite pas son invention peut voir son brevet révoqué, ou être obligé d'accorder des licences obligatoires. La nouvelle loi anglaise prévoit donc et l'octroi de licences obligatoires et la révocation des brevets comme sanction du défaut d'exploitation (art. 1).
« Toute personne intéressée peut présenter au Board of
» Trade une pétition affirmant qu'il n'a pas été satisfait
» aux exigences raisonnables du public en ce qui con-
» cerne une invention brevetée, et demandant l'octroi
» d'une licence obligatoire, ou, à défaut la révocation du
» brevet. »

D'après la nouvelle loi (art. 6) il n'a pas été satisfait aux exigences raisonnables du public si, faute par le breveté d'exploiter son brevet ou de fabriquer l'objet breveté dans le pays dans une mesure suffisante ou faute d'accorder des licences à des conditions raisonnables :

a) Une industrie existante ou l'établissement d'une nouvelle industrie sont injustement compromis ;

b) Il n'est pas répondu convenablement à la demande dont l'article breveté fait l'objet.

La pétition demandant l'octroi d'une licence obligatoire ou la révocation du brevet est examinée par le Board of Trade (art. 1). Si les parties ne parviennent pas à s'entendre et si le Board of Trade est convaincu du bien fondé de la pétition il renvoie cette dernière à la commission judiciaire du Conseil privé (art. 2). Cette commission rend alors soit une ordonnance en conseil d'octroi de licence, soit une ordonnance en conseil de révocation du brevet. Toutefois aucune ordonnance en révocation ne peut être rendue avant l'expiration de trois années à partir de la date du brevet, ni dans le cas où le breveté donnerait des raisons satisfaisantes de son inaction (art. 3).

Il faut remarquer que la pétition est transmise au Board of Trade qui est bien placé pour connaître les besoins économiques du pays et qui rejettera sans appel et sans transmission à la commission judiciaire les pétitions ne reposant pas sur une base sérieuse et celles qui n'ont pour but que d'obtenir une licence par l'intimidation du breveté.

En Allemagne, la loi du 7 avril 1891 autorise le Patentamt à révoquer les brevets après trois années, quand le breveté néglige d'exploiter l'invention dans une mesure convenable et quand l'intérêt public paraît exiger qu'un brevet d'exploitation soit accordé à des tiers : « Le brevet » peut être retiré quand la concession d'une licence à » d'autres personnes paraîtra exigée par l'intérêt public » et que cependant le breveté se refusera à accorder cette » licence, moyennant une rémunération convenable et » une garantie suffisante. »

La loi suisse du 29 juin 1888 porte : « Le propriétaire » du brevet, qui se trouverait dans l'impossibilité d'exploi- » ter son invention sans utiliser une invention brevetée » antérieurement, pourra exiger du propriétaire de cette » dernière l'octroi d'une licence, s'il s'est écoulé trois ans » depuis le dépôt de la demande relative au premier » brevet, et que la nouvelle invention ait une réelle » importance industrielle. Si la licence est accordée, le » propriétaire du premier brevet aura réciproquement le

» droit d'exiger aussi une licence l'autorisant à exploiter,
» pourvu que celle-ci soit, à son tour, en connexité réelle
» avec la première. »

La loi autrichienne du 11 janvier 1897, (art. 21), admet que « le titulaire d'un brevet portant sur une inven-
» tion qui ne peut être exploitée, sans l'utilisation d'une
» autre invention faisant l'objet d'un brevet de date
» antérieure, est en droit d'exiger du titulaire de ce der-
» nier l'autorisation de faire usage de l'invention dont il
» s'agit, s'il s'est écoulé trois ans depuis la date où la
» délivrance du brevet antérieur a été publiée dans le
» *Journal des brevets*, et si l'invention de date postérieure
» présente une importance industrielle considérable ».

« L'octroi de la licence confère au titulaire du premier
» brevet le droit d'exiger de son côté du second breveté
» une licence l'autorisant à faire usage de l'invention de
» date postérieure, à condition que celle-ci soit à son tour
» en connexité réelle avec la première invention.

» Si l'intérêt public exige que l'autorisation de faire
» usage d'une invention soit accordée à d'autres, toute
» personne, justifiant qu'elle mérite confiance, pourra,
» après l'expiration de trois ans à partir de la date où la
» délivrance du brevet a été publiée dans le *Journal des*
» *brevets*, demander au breveté l'autorisation de faire usage
» de l'invention dans son industrie.

» Si, dans les cas prévus plus haut, le breveté se refuse
» à accorder la licence demandée, le bureau des brevets
» prononce sur la demande ; et, si la licence est accordée,
» il fixe l'indemnité à payer, la garantie à fournir, ainsi
» que toutes les autres conditions rattachées à l'utilisation
» de l'invention en tenant compte de la nature de cette
» dernière et des circonstances de la cause.

« S'il s'agit d'une décision portant sur l'octroi d'une
» licence dans l'intérêt public, le bureau des brevets de-
» vra demander l'avis des ministères compétents en ce qui
» concerne l'existence d'un intérêt public et baser sa dé-
» cision sur l'avis qu'il aura reçu d'eux. »

Tandis que la loi allemande menace celui qui refuse
d'accorder une licence obligatoire de lui retirer son brevet,
la loi autrichienne a choisi une voie plus naturelle et plus
modérée ; le refus de la licence n'entraîne pas la déchéance, mais donne naissance à une procédure permettant à l'autorité compétente de trancher la question de
savoir si les conditions justifiant l'obligation de la licence
existent et d'octroyer ainsi la licence demandée, en en
fixant l'étendue et en réglant l'indemnité à payer.

Enfin il est d'autres législations qui n'admettent ni
l'obligation d'exploiter, ni le système des licences obligatoires. Telles sont les législations de la Grande-Bretagne,
des États-Unis et du Mexique; le breveté alors peut ou
non faire usage de son privilège; la loi ne le frappe d'aucune peine.

Trois principaux systèmes sont donc appliqués. Quel est
le meilleur? C'est ce que nous étudierons dans notre
seconde partie.

CHAPITRE IV

DE LA DÉCHÉANCE POUR INTRODUCTION D'OBJETS FABRIQUÉS A L'ÉTRANGER

SECTION PREMIÈRE

LÉGISLATION FRANÇAISE

L'article 32-3° de la loi du 5 juillet 1844 édicte une troisième et dernière cause de déchéance provoquée par l'introduction en France d'objets brevetés en France, provenant de fabrication étrangère. « Sera déchu de tous » ses droits... 3° le breveté qui aura introduit en France, » des objets fabriqués en pays étranger et semblables à » ceux qui sont garantis par son brevet. »

La loi de 1844 ajoutait : « Sont exceptés des dispositions » du précédent paragraphe : les modèles de machine dont » le ministre de l'Agriculture et du Commerce pourra » autoriser l'introduction dans le cas prévu par l'arti- » cle 29. »

Le cas prévu par l'article 29 est celui où l'inventeur, déjà breveté à l'étranger, prend un brevet en France. Donc l'exception ne s'appliquait qu'aux modèles de machines introduites en France, avec l'autorisation ministérielle, par un inventeur breveté à l'étranger avant de l'être en France.

Une loi du 20 mai 1856 est venue modifier dans un sens plus large et plus libéral cette exception. « Néanmoins le » ministre de l'Agriculture, du Commerce et des Travaux » publics pourra autoriser l'introduction : 1° des modèles » de machines ; 2° des objets fabriqués à l'étranger destinés » à des expositions publiques ou à des essais faits avec » l'assentiment du gouvernement. »

En vertu de cette loi l'autorisation ministérielle est nécessaire, mais elle peut être accordée à tout breveté français dont l'invention n'a pas été encore brevetée à l'étranger.

L'introduction en France d'objets fabriqués à l'étranger, semblables à ceux garantis par le brevet français, n'entraînait pas la déchéance du brevet dans notre première loi de 1791.

Le législateur de 1844 a cru utile d'édicter cette déchéance pour renforcer l'obligation d'exploiter. Le rapporteur à la Chambre des Pairs, de Barthélemy, indiquait les raisons en faveur de l'établissement de cette nouvelle déchéance.

« Si un inventeur, disait-il, a un établissement en pays » étranger, et qu'il n'ait qu'un simulacre d'établissement » en France, où il ne fasse rien, où il ne fabrique rien ou » presque rien, à quoi bon lui donner un monopole dans » notre pays ? Mais ne serait-ce pas favoriser un établis- » sement de ce genre, un établissement en quelque sorte » trompeur et mensonger, que d'autoriser l'individu, au- » quel on a ainsi donné un monopole, à introduire en » France des objets semblables à ceux qu'il était obligé » de fabriquer sur notre sol, en vertu du contrat qui le » liait envers nous ? Refuser au breveté cette faveur abu- » sive, c'est agir avec justice envers lui ; car autrement

» rien ne justifierait le privilège qu'on lui avait accordé
» dans l'intérêt du pays et qu'il tournerait contre lui.
» Comment formerez-vous d'habiles constructeurs de ma-
» chines si vous autorisez les gens, qui se sont fait bre-
» veter pour des inventions de ce genre, à les tirer du de-
» hors et à les jeter ensuite sur votre marché grevées à
» son profit d'un droit de monopole ?

» Il est évident qu'il faut une disposition qui interdise,
» à l'avenir, cette introduction frauduleuse et funeste,
» sous peine de déchéance du brevet. »

« Nous ne devons nous préoccuper, en aucune manière,
» des lois de douanes ; elles prononceront, comme le lé-
» gislateur l'entendra, sur l'introduction des machines ;
» peu importe ! chaque législation a son domaine et sa
» sphère.

» La loi sur les brevets a pour but de privilégier les in-
» ventions, de défendre les inventeurs contre les contre-
» facteurs ; mais en retour, elle demande à ces inventeurs
» d'être utiles au pays, en lui faisant connaître leurs in-
» ventions, en les mettant en œuvre et en dotant le
» royaume d'une industrie nouvelle. Mais il faut que l'in-
» venteur y exerce cette industrie d'une manière cons-
» tante, et pour cela, il ne faut pas qu'il aille puiser à
» l'étranger les objets qu'il doit fabriquer en France.

» En effet, qu'a-t-on voulu donner au breveté? c'est un
» monopole de fabrication, et non un monopole de com-
» merce. Avec ce monopole d'industrie, il fabriquera
» seul, il vendra seul les objets de sa fabrication privilé-
» giée ; mais, dans l'intérêt du pays, dans l'intérêt de nos
» ouvriers, dans l'intérêt de notre population, nous ne
» pouvons l'autoriser à nous vendre, plus chèrement
» que d'autres, les marchandises qu'il tirerait du dehors,

» au lieu de les avoir fabriquées dans le royaume. »

Ces mêmes idées étaient développées aussi dans le premier exposé des motifs présenté par le Gouvernement à la Chambre des Pairs. « La déchéance résultant du défaut
» d'exploitation est empruntée à la législation de 1791 ;
» le projet de loi y ajoute, dans le même esprit, l'interrup-
» tion d'exploitation pendant une année. Cette déchéance
» s'applique au breveté étranger, comme au breveté fran-
» çais ; la loi veut une exploitation réelle et non un simu-
» lacre d'exploitation ; elle ne permet pas que le privilège
» accordé à l'inventeur soit entre ses mains, *une conces-
» sion stérile pour l'industrie,* une valeur perdue pour la
» société. *Par le même motif,* la loi ne peut permettre que
» le brevet ne serve qu'à créer à l'inventeur, un mono-
» pole à l'aide duquel il puisse, sans concurrence *et au
» préjudice du travail national,* introduire et débiter en
» France des produits fabriqués à l'étranger. La peine de
» la déchéance, prononcée contre cette fraude, préviendra
» un abus contre lequel des réclamations se sont élevées
» avec raison. »

L'exposé des motifs présenté ensuite par le Gouvernement à la Chambre des Députés était encore plus explicite : « L'exploitation réelle et effective de la découverte
» est la condition obligatoire du brevet ; il ne faut pas,
» qu'à l'aide d'un semblable titre on puisse, dans un cas
» donné, empêcher en France l'exercice d'une industrie
» ou la construction d'appareils dont l'exploitation aurait
» lieu à l'étranger. L'article 16 de la loi du 7 janvier 1791
» imposait aux brevetés l'obligation d'exploiter : nous
» avons cru qu'il était convenable de la maintenir. Quant
» à l'interdiction, pour le breveté, de tirer de l'étranger
» des produits semblables à ceux dont il a le monopole,

» elle est également fondée sur l'intérêt du pays qui veut,
» qu'en échange du monopole qui lui est conféré, le bre-
» veté fasse profiter le travail national de la main-
» d'œuvre résultant de l'exploitation de son industrie. S'il
» en était autrement, le brevet délivré à l'inventeur ne
» serait qu'une prime accordée à l'industrie étrangère. »

L'interdiction d'introduire en France des objets semblables à ceux brevetés en France, mais fabriqués à l'étranger,
a donc pour but de protéger l'industrie nationale.

Nous ferons, dans notre seconde partie, l'examen critique de cette déchéance. Nous nous bornerons dans ce
chapitre à préciser le sens de l'article 32-3°, à étudier son
domaine et ses cas d'application.

L'article 32-3° interdit au titulaire d'un brevet français
l'introduction en France d'objets fabriqués à l'étranger
semblables à ceux garantis par le brevet français. Voilà la
règle : mais il y a des exceptions. Le ministre peut donner
l'autorisation d'introduire des objets de provenance
étrangère.

A quelles conditions, en premier lieu, le ministre peut-
il accorder cette autorisation ?

Il faut qu'il s'agisse de modèles de machines, c'est-à-
dire de machines types ou spécimens de l'invention, destinés à des essais ou à des expositions.

Il faut en outre que cette introduction ne puisse faire
souffrir en rien notre industrie nationale ; aussi, si le
ministre du Commerce est certain que notre industrie
nationale est en mesure de construire ces machines, de
les produire dans de bonnes conditions, il doit refuser
l'autorisation.

A cet égard le ministre est complètement maître de ré-
pondre comme il le juge à propos à la demande du bre-

veté. Il n'est en aucune hypothèse tenu de donner l'autorisation qu'on sollicite de lui, car elle a toujours un caractère purement gracieux. L'article 32 en effet laisse ces autorisations à la discrétion du ministre.

Le ministre cependant pourrait accorder à l'inventeur, qui en fait la demande, l'autorisation d'introduire dans des cas où la loi ne le permet pas, par exemple lorsque la machine introduite doit servir à un usage industriel pratique. Il faut supposer que le ministre a eu connaissance de la destination de la machine, la demande du breveté ne la dissimulant pas. Dans ce cas il y aurait excès de pouvoir. La décision du ministre est gracieuse, nous l'avons vu ; mais elle n'est gracieuse que dans les cas où la demande du breveté est conforme aux dispositions de la loi. Dans le cas contraire — et c'est notre cas — le ministre ne doit pas accorder l'autorisation ; aussi, nul doute : le brevet tombe en déchéance. « Un acte entaché d'excès de » pouvoir, dit avec raison M. Mainié [1], ne peut mettre » obstacle à l'application de la pénalité légale. »

L'hypothèse que nous venons d'envisager ne se rencontrera que rarement car, en fait, le ministre n'accorde l'autorisation que dans les cas prévus par la loi.

Beaucoup plus fréquent, au contraire, est le cas suivant : la demande du breveté ayant été accordée, ce dernier introduit des machines pour servir à des essais ou pour être exposées ; mais ensuite ces machines sont vendues ou livrées à un usage industriel ou commercial. Le breveté a donc dans une certaine mesure outrepassé ses droits, encourra-t-il la déchéance ?

Un premier système soutient que le breveté n'encourt

1. Mainié, *Nouveau traité des brevets d'invention*, n° 2101.

pas la déchéance. Les partisans de cette opinion [1] raisonnent ainsi.

L'autorisation d'introduire en France des objets fabriqués à l'étranger n'est pas délivrée au breveté qui en fait la demande sous condition de réexpédition à l'étranger après les essais ou la fermeture de l'exposition. Le breveté par suite n'est pas obligé de réimporter ses machines dans leur pays d'origine. Il a rempli le but de la loi et s'est conformé à ses dispositions en faisant des essais ou en exposant l'objet introduit. Ayant satisfait à cette obligation, le breveté se trouve libre de disposer comme il lui plaît de son invention. Si la loi avait voulu admettre une autre solution, les exceptions portées dans la seconde partie de l'article 32-3° eussent été complètement inutiles, car peu d'inventeurs auraient sollicité une telle autorisation. En effet, les essais de machine, leur exposition, nécessitent de grands frais qui peuvent être couverts, en partie du moins, par la vente ultérieure de l'objet ou de la machine introduits, ou par leur production. D'ailleurs, livrer à l'usage industriel ou commercial quelques machines, quelques objets n'est pas porter un préjudice à l'industrie nationale. Naturellement si l'essai, l'exposition ne sont que des prétextes à introduction, alors la déchéance du brevet est encourue. Mais, du moment que les objets importés ont reçu l'emploi, en vue duquel leur introduction avait été permise, sans intention de fraude, il faut laisser à l'inventeur le droit d'en disposer à sa guise.

Cette opinion a été critiquée, et avec raison, dans la doctrine et la jurisprudence [2]. Il résulterait de cette opi-

1. Ruben de Couder, *Brevets d'invention*, n° 737. — Plocque et le Barbier, *De la déchéance en matière de brevets d'invention*, p. 85. (Douai, 17 mai 1859. *Ann.* 1862, p. 217.)
2. Allart, n° 35. — Pouillet, n° 535. — Cass. 12 février 1885. D. 83.1.237.

nion, remarque très justement M. Pouillet [1] « que la dé-
» chéance n'est encourue, qu'autant que l'arrière-pensée
» de fraude aurait existé à l'époque même où l'autorisa-
» tion ministérielle était sollicitée ». On se demande alors
quelle preuve on peut en faire. Les essais terminés, le
breveté livre au commerce les objets en question, il est
clair que cet acte ne sera plus couvert par l'autorisation
ministérielle ; sans cela c'est la porte ouverte à la fraude,
c'est l'inutilité de l'autorisation ministérielle.

Le but donc du législateur est de protéger l'industrie, le
travail national, d'empêcher toute concurrence étrangère.
C'est là l'idée primordiale qui a présidé à la confection de
l'article 32-3°. Or il peut arriver que l'introduction en
France, d'objets de fabrication étrangère ne porte pas préjudice à notre commerce et à notre industrie. Dans ce cas
l'autorisation ministérielle est-elle nécessaire pour éviter
la déchéance du brevet. L'article 32-3° semble formel. Qui
doit donc l'emporter du texte ou de l'esprit de la loi ?

M. Pouillet dans la première édition de son ouvrage et
M. Allart [1] soutiennent que l'introduction en France d'objets de fabrication étrangère, similaires de ceux garantis
par le brevet, lorsque cette importation a été effectuée
sans l'autorisation ministérielle, entraîne la déchéance du
brevet français alors même qu'aucun préjudice, par ce
fait, ne serait causé à l'industrie nationale. Ces auteurs
s'en tiennent donc au texte même de la loi.

L'alinéa 1er du paragraphe 3 de l'article 32 de la loi du
5 juillet 1844, disent ces auteurs, est formel et ne permet
aucune distinction. L'article 32 dit en effet « sera déchu de
» tous ses droits..... 3° le breveté qui aura introduit en

1. Pouillet, 1re éd., n° 532. — Allart, n° 364. (Colmar, 7 déc. 1861. Ann.,
1865, p. 215. Paris, 17 février 1883. Ann., 1884, p. 102.)

» France des objets fabriqués en pays étranger et sembla-
» bles à ceux qui sont garantis par son brevet ».

Quant au deuxième alinéa il vient établir une exception
au principe général formulé dans l'alinéa précédent. Or
d'après la première rédaction de l'article 32, c'est-à-dire
celle de 1844, la déchéance ne s'appliquait pas lorsqu'un
inventeur breveté à l'étranger avant de l'être en France
introduisait, muni de l'autorisation ministérielle, un modèle de machine : elle était encourue au contraire dans le
cas d'antériorité du brevet français au brevet étranger,
malgré l'autorisation ministérielle. Donc, sous l'empire de
l'ancien article 32, pour que le brevet échappât à la déchéance au cas d'introduction, il fallait que le brevet
français fût postérieur en date au brevet étranger, que l'inventeur fût muni de l'autorisation ministérielle, que ce
fût un modèle de machine. Ces trois conditions étaient
impératives indépendamment de la question de préjudice
porté au travail national. Qu'a fait la loi du 20 mai 1856 ?
elle a modifié cette deuxième partie de l'article 32-3° car
la première rédaction avait paru, à juste titre, trop restrictive. Le ministre en effet était limité dans ses autorisations ; il en résultait une gêne pour notre industrie. La
nouvelle loi de 1856 laisse au ministre d'une façon générale le soin d'autoriser l'introduction sans avoir à rechercher si le brevet français est ou non antérieur au brevet
étranger. Donc l'économie de l'article 32 est toujours la
même. L'autorisation ministérielle nécessaire avant 1856
reste toujours nécessaire depuis cette date. L'exception est
plus large, le pouvoir du ministre plus grand, voilà seulement ce qui est modifié.

De plus quels seraient les cas où l'autorisation ministérielle devrait être sollicitée si l'on pouvait introduire en

France des objets sans avoir besoin de cette autorisation ? On ne le voit pas. Ce n'est pas en effet au breveté à apprécier si l'introduction peut ou non porter préjudice à notre industrie ; la loi a réservé ce soin au ministre constitué ainsi, dit très justement M. Mainié[1] « le tuteur des intérêts industriels du pays ».

En outre plusieurs lois relatives aux expositions universelles ont, depuis 1856, confirmé et justifié cette interprétation. Les lois de 1867 et 1878, 1888 et 1899 ont dispensé expressément de l'autorisation ministérielle les industriels désireux d'importer des objets pour les faire figurer aux expositions universelles.

L'intention du législateur est donc très précise. Pour introduire en France des objets de fabrication étrangère, semblables à ceux garantis par le brevet, sans encourir la déchéance, l'autorisation ministérielle est indispensable alors même que l'importation de ces dits objets ne causerait aucun préjudice à notre industrie.

Ce premier système est rigoureusement logique et interprète d'une façon stricte le texte de la loi. Pourtant, nous préférons suivre la thèse de M. Pouillet (dans la 3ᵉ édition de son *Traité*) Plocque et le Barbier, Nouguier, etc., et de la jurisprudence[2]. Cette thèse laisse de côté le texte de la loi pour n'envisager que son esprit. L'idée unique du législateur c'est la crainte de la concurrence étrangère et par suite le principe dominant est celui-ci : Chaque fois que l'importation nuira au commerce et à l'industrie, elle entraînera la déchéance. Qu'importe en effet

1. Mainié, nᵒ 2137.

2. Pouillet, nᵒ 532. — Plocque et le Barbier, p. 78 et s. — Nouguier, nᵒ 614. (Douai, 11 juillet 1846. D. 46.2.194.) (Paris, 8 juin 1855. D. 56.2.108, 17 juin 1869. D. 73.5.45 ; 19 janvier 1872. *Ann.*, 1871-72, p. 193). (Chambéry, 9 mai 1881. *Ann.*, 1881, p. 268.)

au législateur le fait même de l'introduction ! Les conséquences seules de cette importation l'intéressent. Les travaux préparatoires montrent bien cette préoccupation du législateur, nous l'avons remarqué en effet. Donc l'introduction en France n'entraîne pas la déchéance quand le travail national n'en souffre pas. Le texte même de la loi est-il aussi impératif que le prétendent les partisans de l'autorisation ministérielle obligatoire ? nous ne le croyons pas. Ces exceptions au principe général de l'article 32 (l'interdiction d'introduire) ne nous paraissent pas devoir être interprétées restrictivement. Bien au contraire : voici, à notre avis, le sens de ces exceptions. En général, défense d'introduire, voilà ce que dit le législateur ; mais, ajoute-t-il aussitôt, il y a une exception : on pourra introduire quand on ne portera pas préjudice au travail national et notamment quand on imputera des objets pour des essais ou pour des expositions. Ces exceptions, que les partisans du premier système considèrent comme de droit étroit, ne sont que des exemples indiqués par le législateur pour montrer au ministre les cas où il pourra accorder son autorisation.

Mais objectent nos adversaires comment expliquer l'article 32 qui parle de l'autorisation ministérielle, si on la laisse de côté, si elle ne sert à rien ?

Cette objection est spécieuse : l'inventeur peut se passer, il est vrai, de l'autorisation sans encourir la déchéance, du moment que l'introduction ne porte pas préjudice à l'industrie française. Seulement il résulte de l'autorisation ministérielle une présomption en faveur du breveté. En effet, si les tribunaux sont saisis d'une demande en déchéance, ils seront plus sévères, plus difficiles si le breveté n'est pas muni de l'autorisation ministérielle ; le breveté aura plus de peine à triompher, il devra combattre pour ainsi dire une présomption contraire.

Ainsi s'explique très naturellement le rôle de l'autorisation ministérielle.

Reste enfin l'objection que nos adversaires tirent des différentes lois promulguées à l'occasion des expositions universelles.

Quel est l'objet de ces lois? Créent-elles en faveur des exposants une exception à la règle générale de l'article 32? Évidemment non, elles n'ont eu qu'un but: c'est d'indiquer aux étrangers les règles à suivre pour leurs envois. C'est pour leur épargner toute méprise, c'est pour leur assurer une sécurité entière, que le législateur leur a dit: Oui, vous pouvez importer en France des spécimens, des modèles d'objets décrits dans votre brevet français, sans avoir à craindre la perte de votre monopole, mais il faut que vous réexportiez ces modèles après la fermeture de l'exposition dans un certain délai. En obéissant à ces prescriptions, vous aurez, au cas de difficultés, une présomption en votre faveur.

Voilà le but unique de ces lois. Il ne faudrait pourtant pas prétendre que ce sont là des mesures impératives. Les étrangers peuvent ne pas réexporter dans le délai indiqué les objets introduits; leurs brevets ne tomberont pas pour cela en déchéance; seulement comme nous l'avons fait remarquer plus haut, au cas d'une demande en déchéance, les tribunaux se montreraient plus sévères, plus rigoureux, la défense du breveté serait plus délicate, mais la déchéance ne résulterait pas forcément, obligatoirement, de la non-réexportation des objets introduits aux expositions dans le délai indiqué par ces lois.

Par conséquent, la seule règle posée par le législateur,

est de savoir si l'introduction en France lèse ou non notre industrie. Si oui le brevet tombera en déchéance, si non le monopole de l'inventeur subsistera.

Nous venons de voir que l'introduction en France d'objets fabriqués à l'étranger, semblables à ceux garantis par le brevet français, n'entraîne pas la déchéance dans certains cas. En est-il de même pour l'introduction de ces objets en transit ?

Cela n'est pas douteux : l'introduction en transit ne peut porter aucun préjudice à l'industrie française ; au contraire on peut soutenir qu'elle est favorable à l'industrie des transports. Aussi il ne faut pas hésiter à déclarer que l'introduction en transit est autorisée par la loi et ne fait pas encourir la déchéance du brevet.

Nous avons donc passé en revue les exceptions énumérées dans l'article 32, il nous reste à étudier cet article lui-même, le principe qu'il contient.

Si nous avons suivi cet ordre qui semble contraire à la logique, c'est qu'il était utile avant d'entreprendre l'étude du principe, de bien connaître la pensée du législateur. C'est cette pensée que l'étude de la question de l'autorisation ministérielle a bien mis en lumière.

Tout d'abord par qui l'introduction doit-elle être effectuée pour entraîner la déchéance du brevet ?

La loi de 1844 article 32 répond que l'introduction doit être effectuée par le breveté pour entraîner la déchéance ; donc le fait de l'introduction par un tiers ne pourrait être imputable au breveté.

S'il était possible en effet que le monopole d'un inventeur pût tomber par suite de l'introduction, à son insu, d'objets fabriqués à l'étranger, le privilège du breveté serait lettre morte.

Tout ayant droit du breveté, tout titulaire du brevet ne doit être frappé de déchéance, que si l'introduction lui est imputable soit directement, soit indirectement comme au cas de connivence avec les introducteurs.

Si le breveté après la cession de son brevet introduisait des objets, la déchéance ne serait pas encourue par le cessionnaire, car ce dernier ne pourrait pas être rendu responsable d'un acte auquel il est resté étranger.

Mais que faut-il décider au cas où l'introducteur est un associé du breveté? Naturellement nous devons supposer que le brevet appartient à une société dans laquelle l'associé et le breveté ont des intérêts communs; en effet, si le brevet ne faisait pas l'objet de leur association, il est bien évident que l'introduction par l'associé ne pourrait pas porter atteinte au brevet. Donc, en un mot, il est nécessaire que l'associé auteur de l'introduction puisse être assimilé à un copropriétaire. Dans quels cas cette assimilation aura-t-elle lieu?

Le doute n'est guère possible s'il s'agit d'un associé en nom collectif. L'associé, dans cette forme de société, représente et administre la société. L'introduction par l'associé en nom collectif entraîne la déchéance du brevet, car on peut dire que c'est le fait de la société elle-même. Pourtant il faut remarquer que souvent la gestion d'une société en nom collectif est confiée à un ou plusieurs associés. Dans ce cas, l'introduction ne pourra entraîner la déchéance du brevet que si elle est le fait des gérants.

La même solution doit être admise lorsqu'il s'agit du gérant d'une société quelle qu'elle soit. Si au contraire il s'agit d'un associé commanditaire, ou d'un actionnaire dans une société anonyme, la solution est différente.

Dans ces formes de société, le commanditaire ne tient à

la société que par ses capitaux, sa personne y reste étrangère, ses actes ne pourraient avoir d'influence sur les choses sociales et par conséquent sur le sort des brevets que possède la société. Il faudrait même aller plus loin et faire une distinction lorsqu'il s'agit de l'introduction d'objets faite par un associé qui représente la société (directeur-administrateur). Si l'introduction a eu lieu dans l'intérêt social, nul doute ; la déchéance du brevet est encourue ; mais si l'introduction a eu lieu dans l'intérêt personnel de l'associé, la déchéance n'est pas encourue. Cette distinction serait malheureusement difficile sinon impossible à appliquer en fait.

L'introduction peut être faite, non pas par un associé du breveté, mais par un licencié. Dans ce cas le brevet tombera-t-il en déchéance ?

Le licencié n'est pas propriétaire du brevet, il est seulement autorisé à l'exploiter, aussi ses actes ne peuvent porter atteinte à la propriété même du brevet. Cependant dans le cas où le licencié serait le représentant général du breveté, c'est-à-dire dans le cas où il aurait acquis un droit d'exploitation générale, sans limite, à l'exclusion de tous autres et du breveté lui-même, il est certain que le breveté subirait les conséquences de la faute de son licencié. S'il en était autrement le breveté pourrait trop facilement éluder les prescriptions de l'article 32-3°.

Il faut donc pour encourir la pénalité de l'article 32-3° que l'introduction ait été effectuée par certaines personnes ; il est nécessaire en outre pour qu'il y ait déchéance que certains objets aient été introduits. Quels sont ces objets ?

Tout d'abord nous devons écarter les matières premières car la loi ne parle que des objets. Les matières premières peuvent donc être introduites sans crainte de déchéance.

En est-il de même de l'introduction de certaines pièces détachées entrant dans la fabrication de l'objet breveté.

Là une distinction est nécessaire. Si la partie la plus importante de l'objet a été introduite, nul doute que la déchéance ne soit encourue; au contraire si l'introduction n'a fait l'objet que de pièces accessoires, déjà tombées dans le domaine public, la déchéance n'est pas encourue.

SECTION II

LÉGISLATIONS ÉTRANGÈRES

La France seule entre les nations industrielles proscrit l'introduction des objets fabriqués à l'étranger, semblables à ceux garantis par les brevets qu'elle délivre.

Nous n'avons donc qu'à souhaiter que le Parlement abroge cette disposition qui est d'un autre temps. Nous reviendrons d'ailleurs sur ce point dans notre seconde partie.

CHAPITRE V

Sous l'empire de la loi du 7 janvier 1791 (art. 16, § 3)
l'inventeur qui, après avoir obtenu un brevet d'invention
en France « était convaincu d'avoir pris une patente sous
le même objet en pays étranger » se trouvait par là même,
déchu du bénéfice de son brevet. Cette disposition de notre
première loi sur les brevets d'invention n'a pas été repro-
duite, et avec raison, par la loi de 1844. C'était en effet
une restriction grave aux droits de l'inventeur; en effet
les étrangers pouvaient ainsi jouir des inventions françaises au préjudice du breveté français et de notre industrie.

Nous ne citons cette cause de déchéance que dans un
intérêt historique.

§

Dans notre loi de 1844 l'article 32 énumère les différents
cas où la déchéance du brevet est encourue. En dehors
de cet article n'y a-t-il pas dans notre loi d'autres dispositions relatives aux déchéances?

L'article 29 dispose : « L'auteur d'une invention ou
» découverte déjà brevetée à l'étranger pourra obtenir

» un brevet en France; mais la durée de ce brevet ne
» pourra excéder celle des brevets antérieurement pris à
» l'étranger. »

Or une question se pose : La déchéance du brevet étranger, avant l'arrivée de son terme normal, entraîne-t-elle
la déchéance du brevet français?

La question est très controversée.

Deux opinions ont été soutenues.

Dans un premier système soutenu notamment par
MM. Bozérian et Pouillet[1], on prétend que la déchéance du
brevet étranger n'entraîne pas celle du brevet français.
« Le législateur n'a voulu qu'une chose, dit M. Pouillet,
» mesurer la durée normale du brevet d'importation sur
» la durée normale du brevet étranger, c'est-à-dire, qu'il
» a voulu que le brevet d'importation ne pût pas être de-
» mandé pour un temps plus long en France qu'à l'étran-
» ger ; mais il n'a, en aucune façon, entendu rendre les
» deux brevets solidaires l'un de l'autre, ni par consé-
» quent soumettre le brevet français à toutes les vicissi-
» tudes que peut subir le brevet étranger. »

D'ailleurs, ajoutent les partisans de cette opinion, le
système contraire occasionnerait de graves dangers. En
effet, si la déchéance du brevet étranger pouvait entraîner celle du brevet français, le juge français serait obligé
d'interpréter la loi étrangère. Or c'est là une tâche péni-
ble, hérissée de difficultés. Il est vrai cependant que, dans
d'autres cas, en matière de mariage par exemple, la loi
française et la nécessité commandent aux juges français
d'interpréter des lois étrangères. Mais ce n'est pas une
raison suffisante car, d'une part la loi de 1844 ne dit rien
à ce sujet et d'autre part la nécessité ne commande pas.

1. Bozérian, *Prop. industrielle*, n° 321. — Pouillet, n° 353 bis.

MM. Bédarride et Allart[1], notamment, pensent, au contraire, que l'article 29 n'est ni limitatif ni restrictif. Ce que le législateur veut, c'est que l'invention, libre à l'étranger, ne doit pas être enchaînée dans notre pays par un monopole.

Les termes de l'article 29, d'ailleurs, s'appliquent aussi bien à la durée de fait, à la durée éventuelle, contingente du brevet étranger, qu'à sa durée déclarée et légale.

De plus l'objection faite par les partisans de l'autre thèse relativement aux difficultés qui pourraient résulter de l'interprétation des lois étrangères par les juges français n'est pas sérieuse car, chaque jour, les tribunaux français ont à interpréter les législations étrangères, non seulement en matière de mariage, mais encore, en matière d'assurance maritime, de contrat, etc... La tâche des magistrats en ces matières est difficile, il faut le reconnaître. Leur interprétation de la loi étrangère, en ce qui concerne les brevets, se bornera au contraire à constater la déchéance au moyen du titre étranger la confirmant.

D'ailleurs, et c'est sur ce point qu'il faut revenir, point qui fait que nous opinons pour cette deuxième thèse, le législateur ne veut pas qu'un brevet français subsiste, lorsque l'invention qui a fait l'objet d'un brevet étranger antérieur, est tombée dans le domaine public.

Nous réservons pour notre seconde partie, l'étude critique de cette déchéance.

1. Bédarride, n° 318. — Allart, n° 290 (Cass., 14 janvier 1861. Ann , 61, p. 81. — Cass., 28 juin 1881. Ann., 81, p. 209].

DEUXIÈME PARTIE

EXAMEN CRITIQUE DES DÉCHÉANCES EN MATIÈRE DE BRE-
VETS D'INVENTION. — VŒUX. — MODIFICATIONS APPOR-
TÉES PAR LES CONVENTIONS DIPLOMATIQUES A LA LÉGIS-
LATION FRANÇAISE

DEUXIÈME PARTIE

EXAMEN CRITIQUE DES DÉCHÉANCES EN MATIÈRE DE BRE-
VETS D'INVENTION. — VŒUX. — MODIFICATIONS APPOR-
TÉES PAR LES CONVENTIONS DIPLOMATIQUES A LA LÉGIS-
LATION FRANÇAISE

CHAPITRE PREMIER

EXAMEN CRITIQUE DES DÉCHÉANCES EN MATIÈRE DE BREVETS
D'INVENTION. — VŒUX

SECTION PREMIÈRE

EXAMEN CRITIQUE DE LA DÉCHÉANCE POUR DÉFAUT DE PAIEMENT
DE LA TAXE

Dans notre première partie, nous avons montré que la
législation française, ainsi que certaines législations étrangères, était trop rigoureuse pour l'inventeur qui ne payait
pas les annuités de son brevet.

Il faut reconnaître avant tout que la perception d'une
taxe par l'État est juste et équitable. En effet le brevet
constitue pour l'inventeur un monopole, un privilège
garanti par la société. Cette dernière en échange de la
protection qu'elle accorde au breveté a le droit de lui ré-
clamer une certaine somme pour couvrir les dépenses que

nécessite l'établissement d'un service de la propriété industrielle. Mais certaines législations ont exagéré ce droit, ou du moins ont mal réparti cet impôt. La question de répartition est en effet le point capital en la matière. Une somme uniforme payée chaque année par l'inventeur ne constitue pas une imposition logique et rationnelle. La somme que verse le breveté doit être proportionnelle au service rendu par la société. Ce ne sera pas pendant les premières années que l'inventeur fera appel à la société pour la garantir dans son privilège et dans son monopole. En effet les premières années du brevet se passent généralement en expériences industrielles, en études pratiques et matérielles pour arriver à une exploitation rationnelle. C'est ce que, d'ailleurs, la loi française elle-même a reconnu en laissant à l'inventeur un délai de deux années pour exploiter son invention. L'obligation d'exploiter ne naît donc pas au jour de la délivrance du brevet ; pourquoi n'en serait-il pas de même pour le paiement des annuités ? Pourquoi pendant les premières années le plus souvent extrêmement pénibles pour l'inventeur exiger le paiement d'une taxe ? Les raisons qui ont poussé justement le législateur à n'exiger l'exploitation du brevet qu'après un certain délai, auraient dû aussi s'appliquer à la déchéance pour non-paiement de la taxe. Un système rationnel consisterait donc, à notre avis, à dispenser les inventeurs du paiement des annuités pendant un délai de une ou deux années ; passé ce délai l'inventeur verserait chaque année au trésor une taxe progressive. Un tel système concilierait tous les intérêts et des inventeurs et de la société. En effet l'invention donne ou ne donne pas de résultats. Dans ce dernier cas l'inventeur abandonne sa découverte et ne paie pas sa taxe puisqu'il n'a pas à re-

courir à la société pour la garantir de son privilège. Dans
le premier cas, si l'invention réussit, la société peut avoir
à garantir le monopole du breveté ; ce dernier pouvant
payer sans aucune gêne, la taxe devra être perçue faible
peut-être la première année de sa perception, mais augmentant et même dans des proportions assez notables les
années suivantes. La société de son côté par ce système
ne sera pas lésée car les taxes étant plus fortes, la recette
sera la même. Le seul changement sera dans une plus
équitable répartition des taxes.

Des modifications à apporter dans ce sens à la loi de
1844 ont été réclamées dans les Congrès. Une proposition
de loi même a été déposée par M. Laurens, sénateur, dans
la séance du Sénat du 4 décembre 1899. Cette proposition
modifiait ainsi la loi de 1844.

Article 1er. « La durée du brevet est de vingt ans divisée
» pour la taxe en quatre périodes de cinq ans.

» Chaque brevet donne lieu au paiement d'une taxe
» annuelle de 10 francs pour la première période, de 100
» francs pour la deuxième, de 200 francs pour la troisième
» et de 400 francs pour la dernière. »

Le Congrès de Lille en 1902, à l'unanimité, sur le rapport de M. Bert, émettait le vœu de remplacer la taxe annuelle de 100 francs par une taxe progressive commençant
à 25 francs pour la première annuité et augmentant de
25 francs chaque année jusqu'à la somme de 375 francs
pour la quinzième annuité.

. SECTION II

EXAMEN CRITIQUE DE LA DÉCHÉANCE POUR NON-EXPLOITATION DANS LE DÉLAI FIXÉ PAR LES LOIS

L'obligation de mettre les brevets en exploitation est une disposition qui se retrouve dans toutes les législations, sauf dans celle des États-Unis d'Amérique où le breveté n'est tenu à aucune exploitation.

La loi française renforce encore cette obligation d'exploiter, la rendant ainsi plus rigoureuse, en frappant de déchéance le brevet de l'inventeur qui introduit en France des objets fabriqués en pays étranger et semblables à ceux garantis par le brevet français.

L'obligation d'exploiter ainsi entendue a soulevé de très vives critiques et en France et à l'étranger. Ces critiques ont été résumées dans un opuscule remarquable de M. Constant [1] publié lors de la conférence diplomatique de Bruxelles de 1897.

Le mot exploiter, dit-on, ne veut pas dire fabriquer. Le dictionnaire Littré dit : « Exploiter fréquentatif du latin » explicare signifie faire valoir une chose, en tirer le » produit. » C'est dans ce sens qu'il faut entendre le mot exploitation dit un arrêt de la 7ᵉ chambre de la Cour de Paris en date du 5 mars 1897. « Au sens grammatical du » mot, exploiter une chose, c'est en tirer tout le parti » possible, la faire valoir, en tirer les produits. » Exploiter une invention ne veut donc pas dire, suivant ces critiques, fabriquer les produits d'une invention. Les faire

1. Constant, *De la déchéance du brevet pour défaut d'exploitation.*

valoir en tirer tout le parti possible, les vendre en un mot, tel est le sens du mot exploiter. « Le législateur a voulu, » dit M. Pouillet [1], que le brevet d'invention ne fut pas un » titre stérile entre les mains de celui qui l'a sollicité. En » échange du monopole qu'elle accorde à l'inventeur, la » société réclame quelques avantages pour elle-même et » l'avantage qu'elle réclame d'abord, c'est de jouir tout » de suite de l'invention, sauf à payer à son auteur le » prix qu'il lui plaira de fixer ; mais il ne saurait dépendre » de l'inventeur, après avoir fait connaître sa découverte » de la laisser inféconde, improductive ; les brevets doivent » servir à assurer la marche du progrès, ils ne peuvent se » transformer en barrière et l'entraver. Le breveté qui » n'exploite pas, non seulement ne fait rien, mais il nuit » à qui veut faire. La loi l'oblige donc à exploiter son » invention dans un délai déterminé sous peine de dé- » chéance. »

Pour remplir complètement ce vœu de la loi est-il né- cessaire que le breveté fabrique en France les produits, les machines suivant les procédés, les moyens qu'il a indiqués dans le brevet ?

Pour donner au mot exploiter le sens de fabriquer qu'il n'a pas, il faut avoir, disent les adversaires de l'obligation d'exploiter, l'esprit hanté de préoccupations économiques et y mêler des questions de protectionnisme ou de libre échangisme. Du moment que l'inventeur ne s'est jamais refusé à consentir des licences, qu'il a tiré profit de son invention en mettant en vente les objets brevetés ; du moment en un mot qu'il a mis le public à même de profiter de sa découverte, il a pleinement satisfait aux vœux de la loi la plus rigoureuse qui oblige le breveté à exploiter son

1. Pouillet, n° 506.

invention dans un délai déterminé car, comme le dit
M. Pouillet : « Il fait jouir de suite de son invention la
» société en échange du monopole qu'elle lui a accordé. »

D'ailleurs, l'intérêt que le législateur avait principalement en vue lors de la rédaction de l'article 32 de notre
loi de 1844 n'exigeait pas que la fabrication eût lieu dans
le pays où le brevet avait été délivré c'est-à-dire en
France.

MM. Assi et Genès [1] soutiennent que l'intérêt de l'industrie est mieux sauvegardé si l'on permet à l'inventeur de
fabriquer les produits de son invention à l'étranger. « Si
» l'on prononce la déchéance, disent-ils, tous les concur-
» rents de l'ex-breveté ayant désormais le droit de vendre
» exactement le même produit que lui, pour les écarter,
» il réduira ses tarifs et cela au besoin jusqu'à l'extrême
» limite permise par son bas prix de revient. Ceux-ci
» n'auront d'autres moyens de lutter, que de s'adresser à
» leur tour à la fabrication étrangère ; et voilà l'importa-
» tion augmentée en même temps que se produit un avi-
» lissement des prix qui se fera sentir non seulement sur
» le système même qui avait fait l'objet du brevet, mais
» aussi sur tous les systèmes répondant aux mêmes
» besoins.

» Il y a même plus, cet inventeur qui aura établi sa fa-
» brication dans un pays étranger y possédera probablement
» un brevet comme en France ; il pourra en avoir pris
» un également dans tous les principaux pays industriels ;
» il sera donc seul à pouvoir y fabriquer. Dans ces condi-
» tions le jour où ses concurrents français n'auront même
» pas la ressource de lutter avec lui en faisant fabriquer
» au dehors il n'aura plus de brevet en France et ne

1. *Revue de droit commercial*, 1886.

» paiera plus d'annuités au trésor ; mais il conservera en
» fait son privilège.

» Voilà donc l'alternative : où l'inventeur conservera son
» privilège tout en important ses produits et nonobstant la
» déchéance du brevet, ou bien, si ses concurrents peu-
» vent lutter avec lui, ce sera à la condition de s'adresser
» comme lui à la fabrication étrangère de sorte qu'on
» aura augmenté la somme des importations en voulant la
» réduire. »

M. Amassian, délégué de la Turquie à la Conférence
diplomatique de Paris de 1880, faisait aussi observer « qu'il
» est certain que si l'inventeur peut fabriquer là où il
» trouvera le plus avantageux de le faire, il donnera ses
» produits à meilleur marché ce qui sera profitable
» même au pays où il n'aura pas exploité, pays qui, par
» ce fait, perdra peu pour gagner beaucoup. Il faut songer
» aux intérêts des consommateurs ».

En résumé dit M. Constant : « Contraindre le breveté
» dans un intérêt industriel égoïste à fabriquer les objets
» de son invention dans les dix ou douze États où il
» se sera fait délivrer un brevet, nous paraît absolu-
» ment inadmissible en présence de la faculté qui lui
» est accordée par la convention de 1883 d'introduire
» lesdits objets dans tous les États de l'Union pendant
» toute la durée du brevet et en telle quantité qui lui
» plaira[1]. »

Ainsi donc, selon M. Constant, toute législation qui
oblige le breveté à fabriquer les objets de son invention dans
le pays où il a pris un brevet, et cela sous peine de déchéance, est excessive et inutile. Cette disposition insérée
dans certaines législations dans le but de protéger l'indus-

1. Voir à ce sujet, 2e partie, chap. 2.

trie nationale ne répond plus à ce but. De telles dispositions sont souvent de nature à porter de sérieux préjudices au commerce sans intérêt pour l'industrie.

Ces critiques sont-elles fondées et l'obligation d'exploiter doit-elle complètement disparaître des différentes législations qui l'admettent?

Nous ne le pensons pas et nous estimons que la société en accordant à l'inventeur un monopole a le droit d'imposer des conditions à l'exercice de ce privilège. S'il est vrai que l'invention, produit de l'intelligence, est une propriété sacrée, il faut reconnaître cependant à la société le droit d'en limiter la durée. Cette conception est celle qui a servi de base à l'établissement de toutes les législations sur la propriété industrielle. Pourquoi donc le législateur qui a le droit incontestable de limiter la durée de cette propriété n'aurait-il pas aussi celui d'en réglementer la jouissance? Pourquoi la société en échange de la protection qu'elle garantit à l'inventeur n'exigerait-elle pas en retour une exploitation lui permettant ainsi de profiter de la découverte? Le rapporteur de la loi de 1844, Philippe Dupin, s'exprimait en ces termes: « Si la société consent à se » déshériter pour un temps du droit d'exploiter librement » une découverte utile, c'est pour reporter les avantages » de cette exploitation à l'inventeur. Mais, s'il les dédaigne, » ou s'il les délaisse, il est censé les abdiquer et en est dé » chu. On ne peut admettre en effet que l'inventeur en » trave pendant quinze ans le développement de l'indus » trie par son inaction. » Telles sont les considérations qui ont déterminé le législateur à prononcer la déchéance du brevet pour défaut d'exploitation. Ces considérations sont plus décisives encore si l'on considère une invention étrangère brevetée en France. « Supposons en effet, dit

» M. Allart [1], une découverte révolutionnant une indus-
» trie ou intéressant la défense nationale. L'inventeur
» étranger exploite sa découverte dans un pays où il s'est
» fait breveter, mais ne voulant pas en faire profiter notre
» pays, il ne se livre à aucune exploitation en France où
» il a également pris un brevet. Un pareil calcul est-il to-
» lérable et peut-on admettre qu'un inventeur se fasse
» breveter en France, non pas dans le but d'exploiter sa
» découverte sous la protection de la loi, mais au con-
» traire dans l'intention d'entraver dans notre pays toute
» espèce d'exploitation? Il nous semble que la déchéance
» qui empêche le breveté de se livrer à de pareilles com-
» binaisons se justifie pleinement.

Mais reste le point de vue économique et nous avons vu
que MM. Assi et Genès soutiennent que l'obligation d'exploiter dans le pays où a été délivré le brevet augmente
la somme des importations en voulant la réduire.

Cette affirmation paradoxale, que les adversaires de
l'obligation d'exploiter présentent comme une loi économique, est purement gratuite. En effet ils ne tiennent pas
compte des frais qui s'ajoutent au prix de revient des objets fabriqués à l'étranger, frais consistant en fret, en
transports, en droits de douanes, etc. Cette somme des
frais constitue-t-elle la différence entre le prix de revient
du même objet fabriqué en France ou fabriqué à l'étranger?
Toute la question est là. Si le fret, le transport de matières premières sont peu de chose, par contre ces frais,
lorsqu'il s'agit d'objets fabriqués, sont assez considérables
et augmentent dans une certaine mesure le prix de revient. Cela est si vrai que, dans certains pays, les produits
sont vendus un prix assez élevé sur le marché intérieur,

1. *Journal du Droit industriel*, janvier 1899.

par suite de la protection douanière, de façon à faciliter leur exportation et leur vente à l'étranger à un prix très bas exempt pour ainsi dire de bénéfice. Nous voulons parler des trusts américains et des cartels allemands.

De plus ce n'est pas l'intérêt des consommateurs qu'il faut envisager, c'est l'intérêt de l'industrie.

Toute industrie nouvelle dans un pays augmente la richesse de ce pays. Il est vrai qu'à cela on objecte que l'obligation d'exploiter est dangereuse parce qu'elle appelle l'installation d'usines étrangères qui viennent concurrencer l'industrie nationale. Mais cet inconvénient, il ne faut pas cesser de le répéter, est largement compensé par l'accroissement de richesses que donnent au pays l'emploi des matières premières et de la main-d'œuvre locales, les droits de douane, les impôts, les prix de transport nécessités pour la création et l'exploitation de ces établissements.

La déchéance est donc pour l'inventeur qui n'exploite pas son brevet une peine nécessaire et équitable. Mais il serait injuste d'appliquer cette pénalité à l'inventeur qui a fait tout son possible pour exploiter sa découverte.

Aussi devons-nous approuver hautement les législations qui ont autorisé l'inventeur à justifier des causes de son inaction. Ces causes sont assez nombreuses, aussi est-il peu de législation qui les aient énumérées ; le soin de les apprécier est laissé aux tribunaux. Voici donc la règle qu'il faut admettre comme la plus juste et la plus équitable : frapper de déchéance l'inventeur qui ne veut pas exploiter, non celui qui ne peut pas exploiter.

C'est cette règle en somme qui est la base de toutes les législations même de celles qui n'obligent pas le breveté à exploiter. Dans ces législations, en effet, on a compris qu'il fallait protéger l'industrie nationale contre la mauvaise volonté ou le calcul de l'inventeur qui ne veut pas faire profiter le pays d'une découverte importante. Ainsi en Angleterre, l'obligation d'exploiter le brevet n'existe pas, pourtant d'après la loi du 25 octobre 1883, modifiée par la loi du 18 décembre 1902, le breveté peut être contraint de donner une licence, de même en Suisse et en Allemagne.

Quel est donc le système préférable : celui de la licence obligatoire ou celui de l'obligation de l'exploitation ?

Il est certain que dans les pays où l'obligation d'exploiter n'existe pas, le système de la licence obligatoire présente de grands avantages. « Il forme un contre-poids à » la liberté absolue de l'inventeur qui peut en abuser, dit » avec justesse M. Allart [1] ». Malheureusement l'application de ce système présente de réelles difficultés ; on peut tomber facilement dans l'arbitraire. En effet supposons que l'inventeur refuse une licence (et cela arrivera fréquemment), comment déterminera-t-on les conditions auxquelles il sera tenu de l'accorder ? Sur quelles bases sera fixé le prix de la redevance ? L'importance, la situation, le revenu d'un immeuble rendent facile l'appréciation de sa valeur. Or ici nous n'avons pas ces moyens d'appréciation ; le succès d'une invention est en effet aléatoire ; en estimer la valeur industrielle est une chose impossible ; comment donc arriver à établir une redevance exacte et équitable ?

Le Congrès de Vienne de 1897 avait proposé que le brevet délivré à un ressortissant de l'Union [2] ne pût tomber

1. *Journ. Droit industriel,* janvier 1899.

2. Il s'agit ici de l'Union contractée par les nations qui ont passé ensemble la convention de Paris de 1883 en vue de la solution des questions importantes communes se rapportant la plupart aux brevets d'invention.

en déchéance pour cause de non-exploitation dans le pays de sa délivrance que si après l'expiration d'une période de trois années le breveté avait repoussé une demande de licence présentée sur des bases équitables par un industriel ayant son principal établissement dans le pays.

Cette proposition du Congrès de Vienne est excellente relativement à l'augmentation du délai porté de deux à trois années[1]. Mais pour les raisons que nous avons déjà données nous ne pouvons admettre le reste de la proposition. Comment décider en effet qu'une demande de licence a été présentée sur des bases équitables? En effet l'inventeur est porté à exagérer l'importance de sa découverte et le domaine public au contraire intéressé à la réduire. Comment les tribunaux pourraient-ils rendre une décision équitable par suite de cet antagonisme d'intérêts? Puisqu'il faut recourir aux tribunaux de toute façon, ne vaut-il pas mieux leur laisser l'appréciation des excuses présentées par le breveté qui n'a pas exploité, que de leur laisser fixer une redevance impossible à établir équitablement?

Le Congrès de Londres de 1898 demandait la conservation de l'obligation d'exploiter mais portait le délai de deux ans à trois ans et ne frappait de déchéance que l'inventeur qui ne justifiait pas des causes de son inaction. Malheureusement à la suite de ce vœu si juste le Congrès avait voulu faire une énumération des principales excuses que le breveté pourrait invoquer. Ces causés, il est vrai, sont parfaitement légitimes et justes, mais inutiles à énumérer. Une formule générale est en effet insuffisante. On comprendrait à la rigueur l'indication d'une cause spéciale d'inaction qui mettrait le breveté à

1. Voir plus loin, chapitre II.

l'abri de la déchéance ; mais du moment qu'en cas de contestation il est nécessaire de s'adresser aux tribunaux il faut une disposition qui procure au breveté une garantie absolue sans présenter le double inconvénient « de lui » donner l'illusion de cette garantie et d'enlever une cer- » taine importance aux autres causes d'inaction qui ne » sont pas spécifiées[1] ».

La meilleure solution, à notre avis, est donc celle de la loi française. Seulement nous voudrions, en premier lieu, que le délai de trois ans accordé à l'inventeur pour l'exploitation de son brevet par la dernière conférence de Bruxelles de 1900, fût inscrit dans notre loi. Nous voudrions ensuite l'inscription dans notre législation de cette règle générale : que la déchéance ne frappe que le mauvais vouloir et non l'impuissance du breveté.

SECTION III

EXAMEN CRITIQUE DE LA DÉCHÉANCE POUR INTRODUCTION DANS UN PAYS D'OBJETS FABRIQUÉS A L'ÉTRANGER SEMBLABLES A CEUX GARANTIS PAR LE BREVET.

Dans tous les pays, sauf en France, le breveté peut avant de commencer l'exploitation industrielle de son invention, importer du dehors l'objet breveté et voir s'il répond aux goûts et aux besoins du nouveau public auquel il le destine. Depuis la prise du brevet, jusqu'au terme fixé par la loi pour l'exploitation de l'invention, il peut donc sonder le terrain et se rendre compte s'il a des chances de trouver dans le pays une clientèle suffisante pour qu'il vaille

1. *Journ. Dr. ind.*, op. déjà cité (Allart).

la peine d'y établir un atelier ou une fabrique. Si ce n'est pas le cas, l'inventeur en est pour les annuités qu'il a payées et abandonne son brevet plutôt que de se lancer dans une entreprise hasardeuse ; mais s'il peut entrevoir de sérieuses chances de réussite, il se hâte de satisfaire aux exigences de la loi et vient enrichir le pays d'une nouvelle industrie.

En France, au contraire, il en est autrement. Sous prétexte de protéger l'industrie française contre la concurrence étrangère on défend cette importation ; mais comme le fait si bien observer M. Pouillet[1] : « On peut dire sans » témérité, que le législateur s'est ici montré prévoyant à » l'excès et que, en définitive, cette disposition fût-elle » effacée de la loi, l'industrie nationale n'en profiterait » pas moins du monopole sous une forme ou sous une » autre, puisque le législateur oblige le breveté à peine » de déchéance à exploiter son invention en France d'une » manière continue. » En effet, ne pouvant pas importer les objets brevetés sous peine de perdre son privilège, le breveté français doit tout d'abord commencer son exploitation en France et il ne commence à faire ses expériences, en ce qui concerne l'écoulement de ses produits, que lorsqu'il a engagé ses capitaux et qu'il est trop tard pour revenir en arrière en cas d'insuccès.

C'est pourquoi arrive-t-il souvent que les inventeurs ne veulent pas courir cette chance et qu'ils renoncent à prendre un brevet en France pour ne pas s'interdire ainsi l'exportation dans ce pays[2]. Il est vrai que de cette manière le domaine public est enrichi immédiatement de l'inven-

1. Pouillet, op. déj. cité, n° 531.
2. Il faut faire exception pour les brevetés qui bénéficient de l'article 5 de la Convention de 1883 qui sera étudiée plus loin.

tion; mais dans la pratique il faut souvent longtemps
pour installer la fabrication d'un objet spécial.

Ainsi donc l'interdiction d'introduire·devrait être sup-
primée de notre loi : c'est une disposition surannée contraire à l'intérêt même de notre industrie. Il est vrai,
comme nous le verrons par la suite, que des conventions
internationales ont écarté l'application de cette mesure lé-
gislative pour les États signataires. Mais cela ne suffit pas,
la voie est ouverte, il faut complètement supprimer cette
partie de l'article 32 de notre loi.

CHAPITRE II

DES CONVENTIONS INTERNATIONALES ET DES MODIFICATIONS QU'ELLES ONT APPORTÉES A LA LÉGISLATION FRANÇAISE EN CE QUI CONCERNE LES DÉCHÉANCES EN MATIÈRE DE BREVETS D'INVENTION.

De nos jours la science a besoin de connaître ce qui se passe en dehors de nos frontières ; elle compare les différentes législations, les mœurs, les coutumes afin d'en tirer des enseignements utiles pour le droit et la justice.

Ce besoin de connaissances s'est fait sentir tout particulièrement en matière de propriété industrielle. Les progrès du commerce et de l'industrie, la plus grande fréquence des rapports économiques ont fait naître des conflits internationaux de plus en plus fréquents. C'est pourquoi on a commencé à conclure des traités de commerce s'occupant tout d'abord de questions commerciales et douanières. Puis, dans ces traités, sont venues s'ajouter certaines dispositions relatives à la propriété industrielle, surtout en ce qui concerne les marques de fabrique. Les brevets d'invention sont restés en dehors de ce mouvement et cela tient précisément comme le fait remarquer si justement M. Weiss[1] au principe de

1. Weiss, *Traité de droit international privé*, tome II, page 57.

la territorialité des brevets d'invention. En effet dans toutes les législations le monopole de l'inventeur n'est consenti et garanti que sur le territoire même du pays qui a
délivré le brevet ; de plus dans tous les pays, étrangers et
nationaux sont traités sur un pied d'égalité.

Mais cette pratique de clauses insérées dans des traités
de commerce était défectueuse ; on le reconnut assez rapidement. En effet les traités de commerce n'ont pas pour
but de régler principalement les questions de propriété
industrielle ; celles-ci ne sont donc traitées qu'accessoirement ; de plus, et c'est le reproche le plus grave que l'on
puisse faire à la pratique des traités de commerce, c'est
que ces traités sont conclus pour un laps de temps très
court, en vue d'une situation économique déterminée ;
cette situation venant à changer les traités de commerce
sont dénoncés et remplacés par d'autres.

Ainsi donc cette précarité des clauses concernant la propriété industrielle nécessite donc la confection de traités
spéciaux concernant uniquement les questions de ce genre.
Mais comme le dit avec raison M. Pelletier[1] « ce serait un
» progrès assez mince et de pure forme que de faire des
» traités distincts des traités de commerce mais pourtant
» solidarisés avec eux comme la pratique diplomatique
» en donne des exemples». M. Lyon-Caen s'en était d'ailleurs très bien rendu compte, puisqu'en 1878 au Congrès
de la propriété industrielle réuni à Paris, il faisait émettre
le vœu que les traités relatifs à la propriété industrielle
fussent complètement indépendants de traités de commerce.

Il faut encore ajouter que le régime des traités diplomatiques a le grave inconvénient de ne régler que les

Pelletier et Vidal Naquet, n° 1.

rapports des ressortissants de deux États. Par suite des règles nombreuses, et contradictoires souvent, s'appliquaient suivant les traités et suivant les pays rendant difficile aux industriels la consultation de ces traités. Un conflit de loi venait-il à naître, les solutions différenciaient selon le traité applicable.

C'est pourquoi a-t-on substitué à ce régime des traités de commerce, le régime des unions. Les unions se contractent pour des questions importantes. Des conventions d'union ont été signées en matière postale et télégraphique, en matière de chemins de fer, ainsi qu'en matière de poids et mesure, etc.

Le développement considérable de l'industrie a rendu nécessaire des conventions d'union entre les grands pays industriels, conventions qui ont simplifié les règles spéciales à chaque pays en les unifiant. « Bon gré mal gré, » disait M. Bozérian[1], il faut que les retardataires se met-» tent au pas. » De plus cette union entre grands pays industriels possède un grand pouvoir d'attraction ; la preuve en est dans les nombreuses adhésions venues après la signature de la première convention d'union en matière de propriété industrielle de 1883.

Ce sont les Congrès de 1873 et de 1878, principalement ce dernier, qui ont été les pères de la convention de 1883. Au Congrès de 1878 M. Charles Lyon-Caen[2] avait très justement mis en lumière la mesure dans laquelle il convenait d'arriver à une entente. « Il ne faut pas espérer, » disait-il, dans l'état actuel des choses, arriver à avoir » dans tous les pays des lois sur la propriété industrielle » qui soient communes sur tous les points ; c'est une

1. Bozérian, *la Convention internationale de 1883*.
2. Compte rendu de ce Congrès, 1879, page 139.

» utopie. Ce qu'on peut espérer seulement c'est que les
» nations s'entendent pour avoir des lois communes sur
» les points principaux et, je crois, que l'objet essentiel de
» ce Congrès est de déterminer ces points principaux sur
» lesquels les nations peuvent s'entendre. Ce qui rend
» impossible la confection de lois unifiées absolument,
» dans tous les pays, sur ces matières, c'est qu'elles se
» rattachent étroitement au droit civil, à la procédure
» civile, au droit commercial, au droit pénal et à la procé-
» dure criminelle. Il faudrait que toutes les branches de la
» législation fussent uniformisées pour qu'on pût unifier
» complètement les lois relatives à la propriété indus-
» trielle et ce n'est pas possible. »

Ce fut sur ces bases qu'en 1879 fut rédigée une invitation
aux puissances de se rendre à Paris pour établir un traité
d'union. Le 20 mai 1883 fut signée à Paris la première
convention internationale pour la protection de la propriété industrielle.

En 1886 une conférence de revision de la convention
de 1883 se réunit à Rome, mais ses décisions ne furent pas
ratifiées.

En 1890 une nouvelle conférence de revision de la
convention de 1883 se réunit à Madrid : la plupart de ses
décisions firent l'objet de ratification.

Une autre conférence de revision a eu lieu à Bruxelles
de 1897 à 1900.

Quelles sont, en ce qui concerne les déchéances des
brevets, les modifications apportées à la législation française par la convention du 20 mars 1883 revisée par les
conférences postérieures ? Telle est la première question
à étudier. Elle ne fera que l'objet d'un exposé sommaire,
car nous étudierons en détail les travaux des conférences.

En premier lieu l'article 32-3° de la loi de 1844 relatif à l'introduction en France d'objets fabriqués à l'étranger semblables à ceux garantis par le brevet français est ainsi modifié par l'article 5 de la convention de 1883.

« L'introduction par le breveté, dans le pays où le
» brevet a été délivré, d'objets fabriqués dans l'un ou
» l'autre des États de l'union n'entraînera pas la dé-
» chéance. »

En second lieu l'article 32-2° relatif à l'exploitation de la découverte en France dans le délai de deux ans est ainsi modifié par l'article 3 *bis* de la convention de 1883 revisée à Bruxelles le 14 décembre 1900.

« Le brevet, dans chaque pays, ne pourra être frappé de
» déchéance pour cause de non-exploitation qu'après un
» délai minimum de trois ans à dater de la demande dans
» le pays dont il s'agit et dans les cas où le breveté ne
» justifierait pas des causes de son inaction. »

En troisième lieu l'article 29 relatif à la solidarité des brevets est ainsi modifié par l'article 4 *bis* de la convention de 1883 revisée à Bruxelles le 14 décembre 1897.

« Les brevets demandés dans les différents États con-
» tractants par des personnes admises au bénéfice de la
» convention aux termes des articles 2 et 3 (de la dite
» convention) seront indépendants des brevets obtenus
» pour la même invention dans les autres États adhérents
» ou non de l'union.

» Cette disposition s'applique aux brevets existants au
» moment de sa mise en vigueur.

» Il en sera de même, en cas d'accession de nouveaux
» États pour les brevets existants de part et d'autre au
» moment de l'accession. »

SECTION PREMIÈRE

DE LA CONVENTION DE 1883

Nous avons vu précédemment que la loi française, seule entre toutes les législations, admettait la déchéance pour introduction d'objets fabriqués à l'étranger semblables à ceux garantis par le brevet français. Nous avons vu aussi que cette disposition de notre loi était très critiquée, comme portant préjudice à notre industrie et notre commerce. Les délégués à la Conférence de Paris remplis de ces sages raisons dérogeaient au texte de l'article 32 de la loi de 1844 en votant l'article 5 ainsi conçu : « L'intro-
» duction par le breveté, dans le pays où le brevet a été
» délivré, d'objets fabriqués dans l'un ou l'autre des États
» de l'union n'entraînera pas la déchéance. »

« Toutefois le breveté restera soumis à l'obligation
» d'exploiter son brevet conformément aux lois du pays où
» il introduit les objets brevetés. »

Ainsi donc la convention d'union pour la protection de la propriété industrielle du 20 mars 1883 autorise le breveté ressortissant d'un état signataire à introduire des objets semblables à ceux garantis par son brevet du moment qu'ils ont été fabriqués sur le territoire de l'un des États de l'union.

Mais elle maintient l'obligation d'exploiter en tant qu'elle est prévue et réglée par les lois internes.

L'article 5 de la convention modifiait donc fort heureusement notre article 32. M. Bozérian, président de la Conférence internationale pour la propriété industrielle, justi-

fie remarquablement cette disposition de l'article 5[1].
« Qu'ils le veuillent ou non, nos industriels, nos fabricants,
» nos commerçants seront sollicités par toutes les inven-
» tions, par tous les perfectionnements nouveaux, non plus
» seulement à l'état descriptif, mais en nature, prêts à
» fonctionner, à s'imposer à l'industrie, et ils seront bien
» obligés de les étudier, de se rendre compte de leur
» valeur et de les apprécier comparativement avec les
» moyens dont ils disposent, et il en résultera nécessaire-
» ment un élément d'émulation qui fait absolument dé-
» faut à l'heure actuelle. Pouvant à chaque instant com-
» parer leurs moyens, leurs procédés de fabrication, avec
» ceux dont disposent leurs concurrents étrangers, nos
» industriels devront modifier leur outillage au fur et à
» mesure que les perfectionnements s'imposent et ils se
» maintiendront au niveau de la fabrication étrangère
» avec laquelle ils pourront, à leur tour, par suite de rap-
» ports plus fréquents, traiter avantageusement des inno-
» vations qui leur seront personnelles. Un nombre plus
» considérable de produits de fabrication étrangère sera,
» il est vrai, vendu en France ; mais qu'est cela en compa-
» raison des avantages généraux que retireront l'industrie
» et la consommation du grand nombre de moyens nou-
» veaux qui viendront concourir à la perfection dans
» l'exécution, à l'abaissement des prix dans la fabrication. »

Tout établissement industriel ou commercial situé dans
un des États de l'union peut donc, d'après l'article 5 de la
convention, introduire des objets semblables à ceux garantis
par leur brevet, sous la condition que les objets importés
auront été fabriqués sur le territoire de l'union.

En somme, le breveté qui veut jouir du bénéfice de

1. Bozérian, *la Convention internationale de 1883.*

l'article 5 doit remplir deux conditions : en premier lieu, il faut que son brevet ait été délivré dans un des pays signataires de la convention et en second lieu que les objets importés dans un pays de l'union aient été fabriqués dans l'un ou l'autre des états adhérents.

Il résulte de là que la déchéance du brevet serait encourue pour l'inventeur étranger, d'un pays non unioniste, qui introduirait en France, après s'y être fait délivrer un brevet, des objets fabriqués dans son pays.

Mais quelles sont les personnes qui peuvent introduire, qui peuvent invoquer le bénéfice de l'article 5?

Tout d'abord, et cela va de soi, les ressortissants de l'union jouissent du bénéfice de l'article 5.

La jurisprudence est unanime en ce sens (affaire du bec Auer. Arrêt de la Cour de Paris du 7 janvier 1897. Ann. 1897, page 166. Arrêt de la Cour de Cass. du 5 juin 1897. Ann. 1897, page 202).

Mais que faut-il décider au cas où l'introduction est opérée par un étranger non unioniste acquéreur d'un brevet pris par un étranger unioniste?

Il est à remarquer que cette hypothèse n'a rien de chimérique. En effet si l'obligation d'exploiter requise par l'article 5 paragraphe 2 de la convention de 1883 suppose que dans la plupart des cas l'industriel aura un établissement de commerce sur le territoire où il voudra introduire les produits fabriqués à l'étranger, du moins peut-on supposer un industriel qui n'exploiterait le brevet qu'il aurait acquis que par l'entremise d'un tiers.

L'introduction dans cette hypothèse ne saurait lui être permise. Il serait un étranger par rapport à la convention qui considère non le brevet, mais celui qui l'exploite.

L'hypothèse inverse peut se présenter. L'étranger

unioniste acquiert un brevet pris par un étranger non unioniste ; le cessionnaire unioniste peut-il introduire des objets similaires à ceux qui sont brevetés sans encourir la déchéance ?

A notre avis et comme suite logique de l'hypothèse précédente il faut admettre l'affirmative.

En effet l'article 5 porte que l'introduction par le breveté dans le pays où le brevet a été délivré n'entraînera pas la déchéance. Or cette disposition est générale, elle n'exclut pas les cessionnaires. Il est vrai qu'avec ce système des fraudes sont possibles car un étranger non unioniste pourra profiter de la disposition libérale de l'article 5 en cédant son brevet à un prête-nom sujet de l'Union. Ce n'est pas là à notre sens une raison suffisante pour écarter cette solution. Les tribunaux chercheront au cas où une espèce de ce genre se présenterait à déjouer la fraude.

Une autre hypothèse peut encore se présenter. Un Français peut-il se prévaloir de l'article 5 de la convention pour introduire en France des objets similaires à ceux que garantit le brevet qu'il exploite et fabriquées dans l'un des états contractants.

Plusieurs auteurs notamment MM. Pouillet et Plé n'hésitent pas à soutenir l'affirmative. La convention, disent-ils, est générale et donne les mêmes droits à tous les ressortissants de l'Union. Les Français peuvent donc invoquer en France la convention comme loi interne. En effet le Parlement a ratifié cette convention et par conséquent admis la suppression de l'article 32 en tant que s'appliquant aux ressortissants de l'Union.

Bien que la thèse de MM. Pouillet et Plé soit logique il faut admettre au contraire que le Français restera soumis à la disposition de l'article 32 de la loi de 1844. Il faudrait une loi spéciale pour abroger l'article 32, or il n'en existe pas. Cette situation est fâcheuse car il en résulte une inégalité de traitement au détriment de nos nationaux. Mais si le breveté de nationalité française a son domicile en pays étranger unioniste ou possède sur le territoire de ce pays un établissement il bénéficiera de l'article 5, car il est dans la situation prévue par l'article 3 de la convention ainsi conçu : « Sont assimilés aux sujets ou citoyens » des États contractants les sujets ou citoyens des États » ne faisant pas partie de l'Union qui sont domiciliés ou ont » des établissements industriels ou commerciaux sur le » territoire de l'un des États de l'Union. »

Ainsi donc aucune déchéance ne peut plus être encourue pour introduction par un étranger unioniste d'objets fabriqués en état unioniste étranger semblables à ceux garantis par son brevet. Mais les États signataires de la convention pourraient-ils empêcher les introductions en les frappant d'autres peines que la déchéance du brevet?

Rien à notre avis ne pourrait empêcher les États unionistes de sanctionner l'interdiction d'introduire autrement que par la déchéance du brevet. Si une pénalité autre remplaçait la déchéance il n'y aurait rien de contraire au texte de la convention ; mais il n'en serait pas moins vrai qu'une telle disposition serait contraire à son esprit.

Par contre MM. Pouillet et Plé déclarent que « dans » tous les cas rien ne s'opposerait à ce qu'une loi de fi- » nances mît sur les objets brevetés provenant de » l'étranger, et par cela seul qu'ils sont brevetés, au lieu » d'une amende, un droit de douane assez élevé pour être » en quelque sorte prohibitif ».

La convention de 1883 décide en outre que l'obligation

d'exploiter continuera à être régie par les lois internes de chaque pays.

Dans le projet primitif cette deuxième partie de l'article 5 n'existait pas. M. Dujeux, délégué de la Belgique, avait même proposé l'adjonction d'un paragraphe ainsi conçu : « Le titulaire d'un brevet qui exploite son invention dans » l'un des États de l'Union ne pourra être déchu de ses » droits, dans les autres, pour défaut d'exploitation. »

Cette proposition fut très vivement combattue par les délégués de l'Autriche, de l'Italie et de la Suisse, c'est pourquoi M. Bozérian, bien que partisan de la proposition Dujeux, invita les délégués à voter la deuxième partie de l'article 5 telle qu'elle existe dans la convention de 1883.

L'article 5 de la convention du 20 mars 1883 a été l'objet de vives critiques. On a reproché aux délégués français d'avoir sacrifié l'industrie nationale.

Nous avons déjà vu que la défense d'introduire était une disposition mauvaise ; nous l'avons déjà critiquée aussi ne reviendrons-nous pas sur ce point. Mais aux arguments déjà développés il est nécessaire d'ajouter que l'obligation d'exploiter subsiste et que par conséquent le travail national n'est pas menacé.

Des critiques d'un autre genre ont été adressées aussi à l'article 5. Le premier paragraphe de l'article 5 a-t-on dit supprime l'interdiction d'introduire ; il eût été logique de supprimer aussi l'obligation d'exploiter.

Nous ne croyons pas utile de revenir sur ce point. Nous avons soutenu longuement notre opinion sur la nécessité de l'obligation d'exploiter et l'inanité de l'interdiction d'introduire nous y renvoyons le lecteur.

La convention de 1883 en ce qu'elle touche aux déchéances paraît ne pas avoir adopté d'autres dispositions.

Cependant il nous faut étudier l'article 4 de cette convention car il s'occupe du droit de priorité qui par certains points touche de très près à la question des déchéances.

L'article 4 de la convention de 1883 est ainsi rédigé :

« Celui qui aura régulièrement fait le dépôt d'une de-
» mande de brevet d'invention, d'un dessin ou modèle
» industriel, d'une marque de fabrique ou de commerce,
» dans l'un des États contractants, jouira pour effectuer
» le dépôt dans les autres États et sous réserve des droits
» des tiers, d'un droit de priorité pendant les délais déter-
» minés ci-après.

» En conséquence le dépôt ultérieurement opéré dans
» l'un des autres États de l'Union, avant l'expiration de
» ces délais, ne pourra être invalidé par des faits accom-
» plis dans l'intervalle, soit notamment par un autre
» dépôt, par la publication de l'invention ou son exploita-
» tion par un tiers, par la mise en vente d'exemplaires du
» dessin ou modèle, par l'emploi de la marque.

» Les délais de priorité mentionnés ci-dessus seront de
» six mois pour les brevets d'invention, et de trois mois
» pour les dessins ou modèles industriels, ainsi que pour
» les marques de fabrique ou de commerce. Ils seront au-
» gmentés d'un mois pour les pays d'outre-mer. »

Ainsi qu'il résulte de l'article 29 de la loi de 1844, que nous avons étudié précédemment, le brevet pris en France par un inventeur, antérieurement breveté à l'étranger pour la même invention, doit avoir la même durée que le premier brevet. Quelle que soit la cause qui met fin au brevet étranger nullité ou déchéance, le brevet français suit le sort du brevet pris antérieurement : la jurispru- dence est fixée en ce sens. Or une question importante se pose : si un inventeur demande dans les délais de l'article

4 de la convention la délivrance d'un brevet français pour une invention déjà brevetée dans un pays de l'union, sa situation est-elle régie par le seul article 4 de la convention d'union ou bien par cet article et par l'article 29 de la loi de 1844 ? Si c'est la loi de 1844 qui est applicable le brevet pris en France sera solidaire du brevet étranger antérieur. Au contraire si c'est l'article 4 de la convention de 1883 qui est applicable, le brevet français pris dans le délai de ce dernier article, ne sera pas solidaire du brevet étranger antérieur. Trois systèmes principaux ont résolu cette question.

Dans un premier système, on soutient que le brevet pris dans un pays de l'Union, dans le délai de l'article 4, est un brevet ordinaire, indépendant. Considéré en effet dans son esprit, dit-on, l'article 4 de la Convention signifie que toutes les demandes de brevet qui sont déposées dans les divers pays de l'Union dans un délai de six mois à partir de la première demande ou de sept mois s'il s'agit d'un pays d'outre-mer, doivent être considérées comme ayant été déposées à la susdite date. C'est pour cela que les dispositions légales de divers pays, d'après lesquelles la nouveauté absolue de l'invention est une des conditions de sa brevetabilité, ont pu être maintenues sans changement lors de l'accession de ces pays à la convention internationale. Cette manière de voir est confirmée par la teneur des lois qui ont été rédigées après la Convention du 20 mars 1883, et en vue de concorder avec elle. Ainsi les lois de la Suède et de la Norvège stipulent qu'une demande de brevet déposée dans les délais prescrits sera réputée avoir été faite à la date de la première demande, et la loi anglaise dispose que le brevet résultant d'une telle demande portera la date de la demande déposée dans l'État étranger.

Si donc le dépôt de la demande est réputé opéré dans tous les États de l'Union au moment même où la première demande est effectuée chez l'un d'entre eux, il n'y a pas d'antériorité et chaque État doit délivrer le brevet dont il s'agit comme si c'était à lui que la première demande avait été adressée.

D'autre part l'article 2 de la convention établit comme règle générale que les ressortissants de chacun des États contractants jouiront du traitement national dans tous les autres États de l'Union. Or, on ne saurait considérer comme traitement national la délivrance de brevets d'importation d'une durée moins longue que les brevets nationaux et soumis à des accidents qui ne menacent pas ces derniers. Au contraire, les brevets d'importation semblent calculés tout exprès pour dépouiller aussitôt que possible l'inventeur étranger, afin d'enrichir le domaine public de sa découverte. Les États contractants forment une grande confédération, dont les différentes parties ne sauraient se considérer réciproquement comme pays étrangers en matière de propriété industrielle et l'on peut en conclure que les brevets délivrés par eux à leurs ressortissants réciproques, dans les délais établis à l'article 4, doivent être des brevets nationaux et non des brevets d'importation.

Un deuxième système soutient au contraire que les deux brevets sont solidaires, que le brevet pris en vertu de l'article 4 est un brevet d'importation. En effet, dit-on, le délai de six mois établi par l'article 4 de la convention a simplement pour but de réserver la priorité à l'inventeur breveté dans l'un des pays de l'Union ; pour tout le reste il demeure sous l'empire des législations internes. Ainsi donc les dispositions spéciales de la loi française s'appliquent aux brevets pris pour des inventions déjà brevetées à l'étranger.

Un troisième système au contraire fait une distinction entre le cas où le brevet pris dans un pays dans les six mois satisfait aux exigences de la loi de ce pays, et le cas où ce brevet n'est valable qu'à cause de la stipulation protectrice de l'article 4. Dans le premier cas, il n'y a pas solidarité: dans le second cas, au contraire, il y a solidarité.

En somme ce troisième système rentre dans le second car nous ne nous occupons en ce moment que des brevets qui empruntent leur validité à l'article 4 de la convention.

Ces trois systèmes ont chacun leur valeur; le plus logique est évidemment le premier; c'est celui qui est le plus conforme à l'esprit de la convention. Mais aujourd'hui la question ne présente plus qu'un intérêt rétrospectif puisque la dernière conférence de Bruxelles a proclamé le principe de l'indépendance des brevets [1].

Nous avons déjà étudié d'ailleurs la question de la solidarité des brevets, nous avons indiqué la théorie de la jurisprudence française, il nous semble donc inutile de nous étendre sur ce point qui comme nous venons de le montrer ne présente plus qu'un intérêt historique.

SECTION II

LA CONFÉRENCE DE ROME

La Conférence de Rome (29 avril-11 mai 1886) présente, bien que ses décisions n'aient pas été ratifiées, une

1. Voir pages 123 et suivantes.

importance théorique incontestable. En effet la Conférence de Madrid de 1890 dont les décisions ont été ratifiées, a repris, amendé, corrigé beaucoup de propositions faites à la Conférence de Rome.

Cette conférence s'est occupée de l'article 5 de la convention de 1883. Le paragraphe 2 de l'article 5 déclare que le breveté restera soumis à l'obligation d'exploiter conformément aux lois de l'État où les objets sont introduits.

Mais des difficultés s'étaient élevées au lendemain de la convention de 1883 relativement au sens du mot: exploitation de l'invention. Nous avons vu précédemment la controverse à ce sujet, nous n'insisterons donc pas.

La Conférence vota donc la motion transactionnelle déposée par M. Pelletier, délégué. « Chaque pays aura à déterminer le sens dans lequel il y a lieu d'interpréter, » chez lui, le terme exploiter. »

La Conférence de Rome ne s'est pas occupée autrement des déchéances.

SECTION III

LA CONFÉRENCE DE MADRID

La Conférence de Madrid se réunit du 1ᵉʳ au 14 avril 1890: Les mesures qu'elle a votées font l'objet de quatre protocoles. Le quatrième protocole concerne l'interprétation de la convention de 1883 et son application ; mais n'ayant pas été ratifié il est sans force légale.

C'est dans ce protocole que se trouve le texte voté par la Conférence de Madrid relativement à l'obligation d'exploiter. « Chaque pays pourra déterminer le sens dans le-

» quel il y a lieu d'interpréter chez lui le terme exploiter
» au point de vue de l'application de l'article 5. »

Cette décision fut votée après une discussion assez longue dans laquelle M. Forbes, délégué des Etats-Unis, avait
proposé le texte suivant : « Le titulaire d'un brevet qui
» exploite son invention dans un des États de l'Union ne
» pourra être déclaré déchu de ses droits dans les autres
» pour défaut d'exploitation. »

Cette proposition fut très vivement combattue par les
délégués de la France qui réclamèrent, pour les différentes
législations, le droit d'interpréter le mot exploiter.

La Conférence de Madrid vota aussi une importante disposition relativement à l'indépendance réciproque des
brevets délivrés dans différents États et portant sur un
même objet. « Lorsque, dans les délais fixés à l'article 4
» de la convention, une personne aura déposé dans plu-
» sieurs États de l'Union des demandes de brevets pour la
» même invention, les droits résultant des brevets ainsi
» demandés seront indépendants les uns des autres.

» Ils seront également indépendants des droits résul-
» tant des brevets qui auraient été pris pour la même in-
» vention dans les pays non adhérents à l'Union. »

Cette disposition entraînait donc la non-invalidation des
brevets pris pour la même invention dans plusieurs États,
dans le cas où l'un d'entre eux serait tombé en déchéance
dans un de ces États pour un motif n'existant point dans
les autres.

Ainsi par exemple une même invention est brevetée
en France et en Belgique ; supposons qu'en France l'inventeur ne fabrique pas, encourant par cela même la déchéance ; d'après le nouveau texte de la Conférence de
Madrid, le brevet belge ne sera pas déchu à moins cepen-

dant que l'inventeur ait enfreint les dispositions de la loi belge.

Le second paragraphe de cette disposition fut proposé par la délégation française qui voulait éviter que l'expiration d'un brevet pris dans des États non contractants pût venir abréger la durée de ceux délivrés par les administrations de l'Union.

Malheureusement cette réforme si utile a été paralysée par suite de la non ratification du quatrième protocole.

SECTION IV

CONFÉRENCE DE BRUXELLES

La Conférence de Bruxelles se réunit le 1er décembre 1897. Ses travaux ne furent terminés que le 14 décembre 1900 ; ils se répartissent dans deux sessions.

Toutes les questions sur lesquelles l'accord était possible furent discutées et votées dans la première session. On réserva pour la seconde session les différentes questions où l'accord n'existait pas. Entre les deux sessions, des pourparlers s'étaient engagés entre les puissances relativement à la solution des questions litigieuses.

La première session s'occupa de l'indépendance réciproque des brevets. La Conférence de Madrid avait, nous l'avons déjà vu, voté un texte donnant satisfaction aux réclamations formulées par les inventeurs. La Conférence de Bruxelles a adopté une autre disposition dont l'esprit et les conséquences sont identiques :

Article 4 *bis :* « Les brevets demandés dans les diffé-
» rents États contractants par des personnes admises au

» bénéfice de la convention, aux termes des articles 2 et 3,
» seront indépendants des brevets obtenus pour la même
» invention dans les autres États adhérents ou non à
» l'Union.

» Cette disposition s'applique aux brevets existants au
» moment de sa mise en vigueur.

» Il en sera de même, en cas d'accession de nouveaux
» États, pour les brevets existants de part et d'autre au
» moment de l'accession. »

Relativement au paragraphe 2 il y eut des réserves faites par le délégué des États-Unis.

Le délégué de ce pays fit en effet remarquer que la loi américaine n'admettait pas la rétroactivité : « Il pourrait
» arriver, disait-il[1], que l'on interprétât l'article 4 *bis* dans
» ce sens que tous les brevets délivrés avant l'entrée en
» vigueur de la nouvelle loi doivent être protégés pen-
» dant le terme complet de dix-sept ans alors que, dès la
» date de leur délivrance, ces brevets doivent être consi-
» dérés comme limités dans leur durée par les brevets
» délivrés à une date antérieure. Cette interprétation ne
» pourrait être admise aux États-Unis qu'au moyen d'une
» loi spéciale qui serait contraire au principe de la non-
» rétroactivité dont s'inspire toute la législation améri-
» caine. »

Cette intervention du délégué des États-Unis ne s'expliquait pas.

En effet la Conférence de Bruxelles ne cherchait pas, en votant cette mesure, à modifier rétroactivement la durée normale du brevet telle qu'elle est fixée par la loi en vigueur lors de la délivrance de ce dernier. Le principe adopté ne s'appliquait qu'aux déchéances pouvant surve-

1. Séance du 11 décembre 1897.

nir après la délivrance des brevets et n'empêchait en
aucune manière la loi interne de fixer à son gré la durée
du brevet. Il y eut toutefois à la conférence des propositions pour dissiper cet équivoque. Finalement la conférence repoussa ces propositions craignant que le principe
de l'indépendance réciproque des brevets parût, malgré
son admission, être restreint ; elle mentionna seulement
dans le procès-verbal de la séance l'interprétation précédente.

La seconde session de la conférence s'occupa de la
question épineuse de l'obligation d'exploiter. Voici le texte
qu'elle vota : « Le brevet, dans chaque pays, ne pourra être
» frappé de déchéance pour cause de non-exploitation
» qu'après un délai minimum de trois ans à dater de la
» demande dans le pays dont il s'agit et dans le cas où le
» breveté ne justifierait pas des causes de son inaction. »

Le délai accordé à l'inventeur pour commencer l'exploitation de sa découverte est donc de trois années. C'est
un immense progrès réalisé.

Au bout de ces trois années le brevet ne sera pas déchu si l'inventeur peut justifier des causes de son inaction.

Toutefois il nous faut remarquer que, lors de la première
session, le Bureau International[1] avait proposé un alinéa
ainsi conçu : « Sera considéré comme une des causes qui
» peuvent justifier l'inaction le fait que le breveté aura
» offert, au moyen de publications reconnues suffisantes,
» des licences à des conditions équitables et que ses offres
» seront restées infructueuses. »

---

1. Il s'agit du Bureau International de l'Union pour la protection de la propriété industriel, véritable office international dont le siège est à Berne et créé
par l'article 13 de la Convention de Paris du 20 mars 1883.

La suppression de cet alinéa fut acceptée par les États contractants et par les États représentés à la conférence, dans le but de faciliter l'entente.

Toutefois M. Hauss, délégué de l'Allemagne, crut devoir déclarer qu'il estimait que « quant aux causes qui pour-
» raient justifier l'inaction du breveté, des circonstances
» indépendantes de la volonté de celui-ci, telles que la
» maladie, l'insuffisance de ressources, l'impossibilité
» de trouver à des conditions équitables un licencié pour
» l'exploitation du brevet, etc., etc., devraient être sou-
» mises à l'appréciation des tribunaux ».

La conférence avec raison repoussa toute énumération des causes d'inaction, déclarant laisser ce soin à chaque pays. Seulement, pour éviter tout équivoque, on fit figurer dans le procès-verbal de la séance cette déclaration : « Il
» est bien entendu que le pouvoir d'appréciation des tri-
» bunaux demeure absolu. Aucune excuse péremptoire ne
» peut être formulée d'avance. D'après les circonstances
» de chaque affaire il appartiendra aux autorités compé-
» tentes de juger si le breveté justifie ou non de causes
» sérieuses pour expliquer son inaction. »

La plupart des pays ont ratifié les actes de Bruxelles[1] de telle sorte que ces derniers ont à l'heure actuelle force de loi. Seulement il est fâcheux que l'article 32 de notre loi n'ait pas été mis en harmonie avec le nouveau texte voté à Bruxelles.

Nous avons vu, en effet, précédemment, en étudiant l'article 5 de la convention de 1883, que les Français res-tent soumis à leur loi nationale bien qu'elle soit en con-tradiction avec la Convention. La solution est la même malheureusement pour l'obligation d'exploiter. Il est

1. Les actes de Bruxelles ont été ratifiés par la France (Loi du 15 avril 1902).

bizarre et injuste d'accorder aux étrangers unionistes un délai de trois années pour commencer l'exploitation de l'invention et de continuer à restreindre le délai à deux années en ce qui concerne les Français.

Donc il serait nécessaire et urgent qu'un texte de loi rendît notre article 32 conforme aux textes votés par la Conférence de Bruxelles.

TROISIÈME PARTIE

DE L'ACTION EN DÉCHÉANCE DANS LA LÉGISLATION FRAN-ÇAISE ET DANS LES LÉGISLATIONS ÉTRANGÈRES

TROISIÈME PARTIE

DE L'ACTION EN DÉCHÉANCE DANS LA LÉGISLATION FRAN-
ÇAISE ET DANS LES LÉGISLATIONS ÉTRANGÈRES

CHAPITRE PREMIER

LÉGISLATION FRANÇAISE

SECTION PREMIÈRE

DE L'ACTION EN DÉCHÉANCE INTENTÉE PAR LES PARTICULIERS. — DÉ-
CHÉANCE RELATIVE

Aux termes de l'article 34 de la loi du 5 juillet 1844
l'action en déchéance peut être intentée par toute personne y ayant intérêt.

L'expression de la loi est générale mais, par sa généra-
lité même, elle est vague. Quelles sont donc les personnes
y ayant intérêt ? Cette question a été étudiée avec soin lors
de la discussion de la loi de 1844 et a fait l'objet d'expli-
cations spéciales de Philippe Dupin, rapporteur, devant la
Chambre des Députés. « La pensée, a-t-il dit, qui a pré-
» sidé à la rédaction du projet est celle-ci ; en France on
» ne connaît pas d'action publique exercée par de simples
» citoyens ; ce serait le seul exemple où un particulier serait

» admis, dans un intérêt social et non personnel, à in-
» tenter une action devant les tribunaux ; ce serait une
» chose exorbitante d'introduire une disposition aussi
» anormale dans nos lois. On a donc réduit le droit de de-
» mander la déchéance au cas où le demandeur avait un
» intérêt personnel ; mais l'intérêt peut être dans l'ave-
» nir comme dans le passé ou le présent. Ainsi un fabri-
» cant voudra faire usage d'une machine breveté ; par
» exemple, un marchand de drap voudra se servir de ce
» qu'on appelle une tondeuse ; il aura le droit d'attaquer
» celui qui, sans droit, aura pris un brevet pour cette
» machine. Mais il faut qu'il y ait un intérêt réel, sérieux,
» justifié ; les tribunaux l'apprécieront ; la loi ne peut le
» déterminer à l'avance, autrement on verrait des spécu-
» lateurs d'une nouvelle espèce faire métier de plaider
» contre les personnes brevetées ; ce serait une nouvelle
» guerre d'industrie que la Chambre sans doute ne vou-
» dra pas encourager. »

En somme il n'est pas nécessaire que le demandeur en
déchéance exploite actuellement la même industrie que le
breveté ; il suffit pour que l'action en déchéance soit recevable que l'industriel ou le simple particulier, demandeurs en déchéance, se proposent de se livrer à la même
industrie.

En un mot ce que la loi veut, c'est que le mobile qui
pousse à la demande en déchéance soit sérieux, quelque
minime d'ailleurs, quelque éventuel ou indirect que
puisse être l'intérêt.

C'est pourquoi il faut reconnaître au consommateur lui-
même le droit de demander la déchéance, car le consommateur peut être gêné par l'existence du brevet qui maintient le prix des produits à un niveau assez élevé.

C'est encore la même raison qui doit faire admettre la demande en déchéance du brevet de perfectionnement formée par toute personne y ayant intérêt, malgré l'existence indiscutable du brevet principal ; en effet l'intérêt de demander la déchéance par avance est suffisant ; on pourra sans contestation, après l'expiration du brevet principal, exploiter le perfectionnement tombé dans le domaine public [1].

Ces cas sont extrêmement simples ; mais de plus complexes peuvent se présenter. L'inventeur peut-il demander la déchéance de son propre brevet? En effet il peut arriver que le breveté, après avoir cédé à un tiers son brevet, soit poursuivi comme contrefacteur. Son intérêt est manifeste ; mais il y a aussi, s'opposant à cet intérêt, les principes de la garantie en matière de vente. Sans aucun doute le breveté cédant devrait être recevable dans son exception tirée de la déchéance ou de sa demande reconventionnelle en déchéance si la cause de déchéance était postérieure à la cession. Mais pour une cause de déchéance antérieure à la cession et par conséquent due à la faute du cédant, la demande devrait être repoussée, car il est un principe incontestable de notre législation : qui doit garantir contre les conséquences d'une action, ne peut introduire cette action.

Nous venons d'examiner qu'elles sont les personnes qui peuvent introduire une demande en déchéance. L'étude de la contre-partie est maintenant nécessaire. Contre qui l'action en déchéance doit-elle être intentée ? La question se résout facilement ; naturellement contre le propriétaire actuel du brevet, soit l'inventeur lui-même, soit le cessionnaire. Si le brevet appartient à des copropriétaires, la

1. Trib. civ. de Lyon, 22 nov. 1886. *Courrier de Lyon*, 3 déc.

demande devra être formée contre tous les copropriétaires ; ou si cette demande n'est introduite que contre certains d'entre eux, la décision ne sera opposable, qu'aux copropriétaires mis en cause. Toutefois remarque M. Pouillet [1] :
« Il se peut que le brevet comprenne plusieurs applica-
» tions de la même invention et, par suite, il se peut que
» le breveté, gardant pour lui-même certaines applications,
» cède le droit d'user des autres ; il se peut que, ne gar-
» dant rien pour lui-même, il cède séparément telles ou
» telles applications. Contre qui, en ce cas, sera dirigé la
» demande ? » M. Pouillet répondant à cette question déclare que si le demandeur poursuit la déchéance totale du brevet, il devra mettre en cause tous les ayants droit aux parts diverses de l'invention ; si, au contraire, la demande est limitée seulement à l'une des parties de l'invention, elle devra être formée contre celui qui en est actuellement propriétaire.

Mais quelle est d'après la loi de 1844 la juridiction compétente ? L'article 34 dans sa seconde partie dispose :
« Ces actions (en nullité et en déchéance), ainsi que toutes
» contestations relatives à la propriété des brevets, seront
» portées devant les tribunaux civils de première ins-
» tance. »

La compétence des tribunaux civils était reconnue en cette matière même sous l'empire de la loi de 1791, bien qu'elle n'eût pas formulée de règle à ce sujet. Ainsi il a été jugé, quand cette loi était en vigueur, que la connaissance des contestations qui peuvent s'élever en ce qui touche la déchéance des brevets est soumise aux principes du droit commun et à la juridiction des tribunaux ordinaires, la loi ne contenant à leur égard aucune disposi-

1. Pouillet, *Traité des brevets d'invention*, n° 562.

tion [1]. Mais en fait, sous la législation de 1791, les questions de déchéances de brevet, quoique appartenant, d'après les règles du droit commun, à la juridiction des tribunaux d'arrondissement, étaient presque toujours résolues par les juges de paix compétents pour juger des actions en contrefaçon. En effet ce n'est que rarement que ces questions relatives à la déchéance sont soulevées par voie d'action principale ; presque toujours on ne critique un brevet, on n'oppose la déchéance que pour repousser la poursuite en contrefaçon du breveté. Or ces sortes d'affaires, par leur importance et leur complication, excédent visiblement les bornes ordinaires de la compétence des juges de paix. Il fallait donc empêcher que ces magistrats, qui déjà ne pouvaient en être saisis par action principale, ne fussent appelés à en connaître incidemment. C'est pourquoi la loi du 25 mai 1838 a distrait de leurs attributions les actions en contrefaçon.

Mais sous l'empire de la loi de 1791, l'administration seule était compétente pour prononcer la déchéance pour défaut de paiement de la taxe. Depuis la loi de 1844, les tribunaux civils seuls ont qualité pour statuer sur cette déchéance.

Il résulte donc de l'article 34 de la loi de 1844 que les tribunaux correctionnels sont incompétents pour connaître des actions en déchéance. Mais cependant dans une action en contrefaçon introduite par un breveté devant le tribunal correctionnel, il peut arriver, et il arrive souvent, que le contrefacteur, pour se défendre, invoque la déchéance du brevet en vertu duquel il est poursuivi. Dans ce cas, le tribunal correctionnel doit-il surseoir jusqu'à ce que la juridiction civile ait statué sur le sort du brevet ? S'il en

1. Cass., 21 avril 1824. D. *Rép.* v° *Brevet d'invention*, n° 277.

était ainsi le contrefacteur pourrait mettre à profit les lenteurs de cette procédure pour continuer une contrefaçon fructueuse. C'est pourquoi le législateur de 1844 a donné aux tribunaux correctionnels le droit de statuer sur les exceptions invoquées par le contrefacteur, exceptions tirées notamment de la déchéance du brevet. L'article 46 de la loi du 5 juillet 1844 dispose en effet : « Le tribunal » correctionnel saisi d'une action pour délit de contrefaçon, » statuera sur les exceptions qui seraient tirées par le » prévenu, soit de la nullité ou de la déchéance du brevet, » soit des questions relatives à la propriété dudit brevet. »

Il faut bien remarquer cependant que le tribunal correctionnel n'est uniquement saisi que de la question de savoir s'il y a contrefaçon ; seulement, comme la validité du titre en vertu duquel l'inventeur poursuit, c'est-à-dire le brevet, constitue l'élément du délit, le juge correctionnel doit l'examiner et l'apprécier comme il le fait pour les autres éléments de la poursuite. Mais la décision du tribunal correctionnel sur ce point est toute relative. Tandis que la décision civile fait obstacle à ce que la même prétention soit agitée désormais entre les mêmes parties, la décision correctionnelle ne fait obstacle entre les mêmes parties qu'à la discussion du fait délictueux, la contrefaçon, objet du procès et non à celle de la déchéance du brevet, exception opposée par le défendeur en contrefaçon.

Par conséquent, dans son jugement, le tribunal correctionnel ne peut pas prononcer la déchéance du brevet, il ne peut que juger s'il y a ou non contrefaçon.

Au cas où il le ferait sa décision ne serait pas viciée dans son ensemble ; le juge d'appel n'aurait qu'à ordonner la suppression de cette partie du dispositif du jugement.

Il résulte encore des termes de l'article 34 de la loi de

1844 que les tribunaux de commerce sont incompétents pour connaître des actions en déchéance. Pour ces tribunaux l'incompétence est totale, car elle porte aussi bien sur l'action principale que sur les exceptions. Les articles 34 et 46 de la loi de 1844 sont en effet restrictifs et d'une interprétation rigoureuse. Pourtant, contrairement à la jurisprudence de la Cour de Cassation [1], nous pensons que l'exception tirée de l'incompétence, en matière de déchéance des brevets, du tribunal de commerce pourrait être soulevée pour la première fois devant la Cour de Cassation. En effet il s'agit là d'une incompétence *ratione materiæ*, d'ordre public qui, d'après les règles générales du droit, peut être invoquée en tout état de cause.

L'article 36 déclare que les instances en déchéance doivent être jugées dans les formes prescrites pour les matières sommaires par les articles 405 et suivants du Code de procédure civile, et communiquées au ministère public.

Nous venons de voir quel était, en matière de déchéance de brevets, le tribunal compétent. Conformément au droit commun, la demande doit être introduite devant le tribunal du domicile du défendeur ; cependant l'article 35 de la loi 1844 déclare que, si la demande en déchéance est introduite contre le titulaire du brevet et contre un ou plusieurs cessionnaires partiels du brevet, la règle du droit commun laissant le choix du tribunal à la demande ne s'applique pas ; dans ce cas le tribunal compétent est celui du domicile du titulaire du brevet. Le législateur a pensé en effet que le breveté se défendrait mieux que les cessionnaires, c'est pourquoi il n'a pas voulu

---

1. Arrêt du 20 juin 1870. *Annales*, 70, p. 240.

que le titulaire du brevet puisse être détourné de ses juges naturels [1].

Les tribunaux civils sont donc compétents pour prononcer la déchéance d'un brevet français. Le sont-ils pour prononcer celle d'un brevet étranger ?

Le brevet étranger n'a aucune valeur en France. Malgré cela, par suite de l'article 29, les tribunaux français peuvent se trouver incidemment saisis d'une question de déchéance d'un brevet étranger. Tel est le cas d'une demande en déchéance d'un brevet français basée sur la déchéance du brevet étranger pris antérieurement.

Quant aux questions de preuves elles sont régies par le droit commun, la loi de 1844 étant muette à cet égard. Donc la preuve de la déchéance doit être fournie par la partie qui la demande. Il n'y a en effet aucun motif d'écarter cette règle. Le demandeur en déchéance est donc tenu de justifier d'une manière positive de l'infraction commise par le breveté, infraction qui entraîne la déchéance du brevet. Pourtant il faut remarquer que s'il s'agit d'une demande en déchéance pour défaut d'exploitation dans les délais indiqués par l'article 32, la preuve de cette infraction ne peut être exigée aussi sévèrement que celle des autres cas de déchéance. En effet, il s'agit là de la preuve d'un fait négatif et par conséquent le tribunal devra se contenter des présomptions graves apportées par le

1. L'exposé des motifs présenté originairement à la Chambre des Pairs disait à ce propos : « Cette exception à l'article 59 du Code de procédure civile est suffisamment motivée. Le breveté transporte souvent ses droits à de nombreux cessionnaires, pour différentes parties du royaume et il serait trop rigoureux de le contraindre à aller défendre à l'action en nullité ou en déchéance partout où se trouve un des cessionnaires. Toute action de cette nature est d'ailleurs dirigée contre lui plus que contre les autres défendeurs dont il sera presque toujours le garant. »

demandeur, à défaut d'autres éléments de preuve à sa portée. Mais il sera loisible au breveté, et cette tâche lui sera toujours facile s'il s'est conformé à la loi en exploitant son invention, de démontrer qu'il est à l'abri de tout reproche à ce sujet. Pour les mêmes raisons, s'il s'agit d'une demande en déchéance du brevet pour non paiement de la taxe, le demandeur pourra exiger du breveté la production des quittances établissant le paiement des taxes dans les délais fixés par la loi de 1884 ; la preuve résultera donc dans ce cas de la non-production de ces pièces par le breveté.

Plus délicate est la question de l'autorité de la chose jugée. La déchéance prononcée sur la demande d'une « personne y ayant intérêt », ce sont les expressions de l'article 34 de la loi de 1844, n'est que relative, ce qui veut dire qu'il n'y a chose jugée qu'entre les parties présentes au procès. C'est d'ailleurs l'application des principes généraux de notre droit sur l'autorité des décisions judiciaires, principes qui font l'objet de l'article 1351 du Code civil qui définit et délimite ainsi la chose jugée :

« L'autorité de la chose jugée n'a lieu qu'à l'égard de » ce qui a été l'objet du jugement ; il faut que la chose » demandée soit la même, que la demande soit fondée sur » la même cause, que la demande soit entre les mêmes » parties et formée par elles et contre elles dans la même » qualité. »

Nous verrons ensuite l'exception apportée à ces principes par la loi de 1844, lorsque c'est le Ministère public qui poursuit la déchéance du brevet. Tout d'abord nous ne nous occuperons que de la chose jugée par les décisions sur les déchéances prononcées à la requête des particuliers.

Nous avons vu précédemment que l'article 46 de la loi de 1844 ne donne aux tribunaux correctionnels le droit de de prononcer la déchéance d'un brevet d'invention qu'en statuant sur les exceptions invoquées devant eux. En effet le juge correctionnel n'est compétent qu'au point de vue de la constatation et de la répression du délit de contrefaçon ; aussi le jugement correctionnel déclarant la déchéance du brevet d'invention ne fait que statuer sur une exception opposée par le défendeur en contrefaçon et ne peut avoir à cet égard l'autorité de la chose jugée. Il résulte de ces principes que le même prévenu, condamné une première fois pour contrefaçon d'un brevet par suite du rejet de l'exception de déchéance de ce brevet invoquée par lui, pourra être assigné de nouveau par le même breveté pour un autre délit de contrefaçon du même brevet, et le juge correctionnel, cette seconde fois, pourra n'étant pas lié par le jugement antérieur, admettre la même exception tirée du même fait, c'est-à-dire la déchéance du brevet et prononcer l'acquittement du prévenu. En un mot donc il n'y a pas de chose jugée au correctionnel sur la déchéance des brevets.

Seules les décisions rendues par la juridiction civile peuvent en matière de déchéance avoir l'autorité de la chose jugée ; et cette autorité du jugement ne sera que relative si la déchéance d'un brevet est poursuivie à la requête des particuliers. La règle générale de notre droit relativement à l'autorité de la chose jugée se trouvant, comme nous l'avons déjà montré, dans l'article 1351 du Code civil, nous n'avons qu'à en faire l'application à notre étude.

Pour qu'il y ait chose jugée il faut identité d'objet, de cause et de parties. Par conséquent la déchéance que les tribunaux ont refusé de prononcer sur la demande d'une

personne peut être prononcée sur la demande d'une autre ;
l'inventeur défendeur dans une action en déchéance pourra
donc à l'égard d'une personne être déclaré non déchu de
ses droits, et à l'égard d'une autre, pour la même action
en déchéance, déchu de ces mêmes droits. C'est là un mal
inévitable sous l'empire de notre législation. L'inventeur
breveté n'a qu'une compensation à attendre pour réparer
les pertes occasionnées par les nombreux procès qu'il peut
avoir à soutenir ; ce sont les allocations de dommages et
intérêts dont les demandeurs téméraires en déchéance
sont passibles à son profit.

La demande en déchéance qui peut être renouvelée par
des personnes différentes peut être renouvelée aussi par
des personnes qui l'ont déjà formée si elle est fondée sur
de nouvelles causes. Une même personne, après avoir
échoué dans sa demande en déchéance d'un brevet pour
non-paiement des annuités, peut demander la déchéance
de ce même brevet pour introduction en France d'objets
semblables à ceux garantis par le brevet, ou pour défaut
d'exploitation de l'invention dans les délais fixés par l'article 32. Bien plus, la même personne ayant échoué dans
une demande en déchéance d'un brevet, non-paiement de
l'annuité le 1er avril 1902 par exemple, peut par la suite
renouveler cette même demande en déchéance en se ba-
sant sur le non-paiement des annuités au 1er avril 1903.
Certains auteurs, notamment Mainié (n° 2.227), soutiennent
que dans cette hypothèse il y a identité de cause et, malgré cela, ils reconnaissent très bien ce droit de renouveler
une demande en déchéance pour la même cause, car la
même infraction peut se produire successivement jusqu'à
l'expiration du brevet. Ils voient là une différence avec la
demande en nullité qui ne peut pas être renouvelée pour la

même cause. Ces auteurs ont raison d'adopter la solution affirmative qui d'ailleurs n'est pas contestée, mais ils voient dans une telle hypothèse une exception à l'article 1351 du Code civil, article qui définit et délimite la chose jugée. Ces auteurs ont tort à notre avis. Il n'y a pas identité de cause, il y a des causes différentes : la cause de la première demande en déchéance c'est le non-paiement des annuités le 1er avril 1902 ; la cause de la seconde demande c'est le non-paiement des annuités le 1er avril 1903. La cause d'une déchéance c'est telle infraction à la loi bien précise, bien déterminée, c'est tel non-paiement de l'annuité, c'est tel fait d'introduction. La même demande en déchéance peut être renouvelée du moment qu'elle s'appuie sur un autre fait, une autre infraction de même genre.

Ainsi donc l'autorité de la chose jugée par les décisions sur les déchéances prononcées à la requête des particuliers est toute relative, elle n'a de valeur qu'entre les mêmes parties. Nous avons vu combien cette règle était défavorable au breveté. Aussi la loi de 1844 dans son article 37 a-t-elle établi une exception au principe de l'article 1351 du Code civil en permettant dans certains cas à toute personne d'invoquer les effets des jugements prononçant la déchéance des brevets d'invention. L'étude de cette exception fera l'objet de la section II de ce chapitre.

SECTION II

DU DROIT DU MINISTÈRE PUBLIC DANS LES ACTIONS EN DÉCHÉANCE. DE LA DÉCHÉANCE ABSOLUE

Nous venons de voir que les règles ordinaires sur l'autorité de la chose jugée s'appliquaient en matière de dé-

chéance des brevets d'invention. La loi de 1844 cependant reconnaît dans certains cas qu'elle a précisés l'autorité absolue de la chose jugée en matière de déchéance des brevets d'invention. L'article 37 de cette loi donne au ministère public le droit de demander, devant les tribunaux civils, la déchéance absolue du brevet. « Cette action, di-
» sait l'exposé des motifs de la loi de 1844, a pour but,
» ainsi que son nom l'indique, de faire prononcer la nul-
» lité ou la déchéance pour ou contre tous et de manière
» que toute personne puisse invoquer les effets du juge-
» ment. Le bénéfice de cette poursuite, exercée dans l'in-
» térêt de la société et par son représentant naturel, est
» donc acquis à toute personne intéressée et nous obte-
» nons ainsi, par une combinaison en harmonie avec les
» principes généraux du droit, un résultat que de bons
» esprits appelaient de tous leurs vœux. »

En premier lieu « dans toute instance tendant à faire
» prononcer la nullité ou la déchéance d'un brevet, le mi-
» nistère public peut se rendre partie intervenante et
» prendre des réquisitions pour faire prononcer la nullité
» ou la déchéance absolue du brevet ». De ces mots, dans toute instance, il ressort qu'il importe peu que l'action privée tendant à la nullité ou à la déchéance soit une action principale ou une action reconventionnelle. De même la loi ne fait aucune distinction entre la nullité et la déchéance. Qu'il s'agisse de l'une ou de l'autre le droit d'intervention du ministère public est sans limite.

En second lieu le ministère public peut se pourvoir directement pour faire prononcer la nullité absolue d'un brevet dans certains cas. Quant à la faculté de demander directement la déchéance absolue d'un brevet, la loi ne l'a pas accordée au ministère public.

Quant à la forme dans laquelle le ministère public doit intervenir à fin de déchéance absolue, il convient de s'en rapporter au droit commun c'est-à-dire à l'article 339 du Code de procédure civile.

Dans le cas d'intervention, le ministère public doit toujours mettre en cause tous les ayants droit au brevet dont les titres ont été enregistrés au ministère du commerce conformément à l'article 21 de la loi de 1844. Cette obligation imposée au ministère public est très rationnelle car elle a pour but de permettre à chacun de ceux que le sort du brevet intéresse directement de faire valoir ses moyens à l'appui de ce brevet.

Mais, si un des ayants droit au brevet a fait enregistrer dûment à la préfecture son acte de propriété, si cet acte n'a pas été enregistré au ministère du commerce, soit par la faute des bureaux de la préfecture, soit par celle des bureaux du ministère du commerce, si par suite de ces faits un des ayants droit n'a pas été mis en cause par le ministère public et qu'une décision définitive prononçant la déchéance absolue soit intervenue, pourra-t-on opposer cette décision à cet ayant droit ? Nullement car il n'y a pas négligence de l'ayant droit.

Le ministère public qui n'est pas intervenu en première instance ne pourrait pas intervenir en appel, car ce droit, aux termes de l'article 466 du Code de procédure civile, n'est réservé qu'à ceux qui auraient pu en première instance former tierce opposition. Le ministère public en tout cas peut toujours faire appel d'un jugement de première instance repoussant son intervention.

Des effets curieux de la déchéance absolue peuvent se présenter. Il peut arriver que dans une instance antérieure, où le ministère public n'était pas partie intervenante, la

déchéance du brevet n'ait pas été prononcée. La déchéance
absolue prononcée plus tard profitera-t-elle même au demandeur en déchéance qui avait échoué dans cette première poursuite ou bien le breveté pourra-t-il se prévaloir
d'une décision devenue définitive et invoquer son brevet
contre celui qui l'avait attaqué sans succès ?

Nous ne le pensons pas. En effet, d'après les règles du
droit commun, il y a à l'égard de ce premier demandeur
qui a échoué dans sa demande en déchéance autorité de
la chose jugée. Par conséquent ce premier demandeur
ne peut pas se prévaloir du jugement postérieur déclarant
la déchéance absolue du brevet.

La déchéance d'un brevet peut être invoquée par tous
ceux qui y ont intérêt alors même qu'ils n'auraient pas
été partie au procès lorsque la demande en déchéance a
été soutenue victorieusement par le ministère public. Mais
il peut se faire que le ministère public succombe dans sa
demande. Dans ce cas le breveté pourra-t-il opposer ce
jugement repoussant la déchéance absolue réclamée par
le ministère public aux personnes qui n'auront pas été
partie au procès ? Ce jugement aura-t-il à l'égard de tous
l'autorité de la chose jugée ?

Admettre une telle thèse nous semble contraire au texte
de la loi et à son esprit. L'article 37 de la loi de 1844 ne
parle en effet que de la déchéance et de la nullité absolues.
Il déroge donc aux principes du droit commun, par suite
son interprétation doit être restrictive. D'ailleurs, si l'on
comprend qu'un jugement prononçant la déchéance
puisse être invoqué par tous ceux qui y ont intérêt, par tous
ceux qui ont été partie au procès, on ne comprend pas
qu'un jugement, repoussant la déchéance absolue demandée par le ministère public, puisse être opposé à tous par

le breveté vainqueur, car le brevet peut être entaché de causes de déchéances dont l'existence ne s'est pas encore révélée et dont par conséquent l'appréciation n'a pas encore été soumise à la justice.

La déchéance absolue d'un brevet ayant été prononcée par un jugement ou un arrêt ayant acquis force de chose jugée doit être publiée d'après l'article 39 de la loi de 1844 dans le *Bulletin des Lois* dans la forme prescrite par l'article 14 de cette même loi pour la proclamation des brevets.

CHAPITRE II

Nous venons de voir qu'en France les questions de déchéance des brevets sont de la compétence des tribunaux judiciaires. Il en est de même dans la plupart des législations étrangères. La loi belge du 24 mai 1854, la loi danoise du 13 avril 1894, les lois anglaises des 25 août 1883 et 18 décembre 1902, la loi italienne du 30 octobre 1859, la loi norvégienne du 16 juin 1885, la loi suisse du 29 juin 1888, la loi autrichienne de 11 janvier 1897 donnent aux tribunaux judiciaires la connaissance des déchéances en matière de brevets.

La loi portugaise du 21 mai 1896 soumet les questions relatives aux déchéances des brevets, aux tribunaux de commerce. Tout autre au contraire est le système allemand ; les questions de déchéance sont de la compétence de l'administration. La loi du 7 avril 1891 donne la compétence des actions en déchéance au « Patentamt » office des brevets. Cet office des brevets comprend plusieurs sections formées par des administrateurs. La seconde de ces sections s'occupe de toutes les questions de révocation des brevets. L'appel des décisions du *Patentamt* est porté devant le *Reichsgericht* tribunal de l'empire.

Le système de la nouvelle loi espagnole du 16 mai 1902 est à peu près identique au système allemand. La déclaration de la déchéance pour défaut de paiement de l'annuité non-exploitation des brevets dans le délai fixé, appartient au ministre de l'Agriculture et du Commerce, sauf le recours de la décision ministérielle aux tribunaux administratifs. Pourtant il est une cause de déchéance dont la connaissance appartient aux tribunaux de l'ordre judiciaire : l'interruption pendant une année au moins de l'exploitation. Cette dernière déchéance n'est prononcée que sur la demande d'une partie intéressée, tandis que celles qui sont de la compétence ministérielle ne sont prononcées (article 107) que sur la proposition du bureau d'enregistrement de la propriété industrielle.

Paris, 14 novembre 1903.

Vu le doyen,   *Le président,*
GLASSON.   CH. LYON-CAEN.

Vu et permis d'imprimer :

Le vice-recteur de l'Académie de Paris,
L. LIARD.

BIBLIOGRAPHIE

Allart, *Des inventions brevetables. De la propriété des brevets d'invention et de leur validité. De la contrefaçon.*

Annales de la propriété industrielle artistique et littéraire.

Assi et Genès, *La convention internationale du 20 mars 1883 (Revue de droit commercial indust. et marit., janvier 1885 et mars 1886).*

Bédarride, *Commentaire des lois sur les brevets d'invention.*

Blanc, *L'inventeur breveté. Traité de la contrefaçon en tous genres et de sa poursuite en justice.*

Blanc et Beaume, *Code général de la propriété industrielle littéraire et artistique.*

Blétry, *Manuel de l'inventeur.*

Constant, *Protection de la propriété industrielle. Texte annoté, conférences de Rome et de Madrid.*

Couhin, *La propriété industrielle, artistique et littéraire.*

Dalloz, *Jurisprudence générale et supplément. V. Brevets d'invention. Dictionnaire de la propriété industrielle, artistique et littéraire.*

Donzel, *Modifications à introduire dans la législation sur les brevets d'invention. Commentaire de la Convention internationale du 20 mars 1883 pour la protection de la propriété industrielle.*

Huard (Adrien), *Répertoire de législation de doctrine et de jurisprudence en matière de brevets d'invention avec les travaux préparatoires de la loi de 1844.*

Huard et Pelletier, *Répertoire de législation de doctrine et de jurisprudence en matière de brevets d'invention.*

Lesenne, *Traité des brevets d'invention et des droits d'auteur.*

Lyon-Caen et Cahen, *De la législation des brevets d'invention. Modification à introduire à la loi du 5 juillet 1844.*

Mainié, *Nouveau traité des brevets d'invention.*

Maillard de Marafi, *Grand dictionnaire de la propriété industrielle.*

Nicolas et Pelletier, *Manuel de la propriété industrielle.*

Nouguier, *Des brevets d'invention et de la contrefaçon.*

Pandectes françaises, V. *Propriété industrielle.*

Pataille, V. *Annales,* etc.

Pelletier et Vidal Naquet, *La Convention d'Union pour la protection de la propriété industrielle du 20 mars 1883 et les Conférences de revision postérieures.*

Picard et Olin, *Traité des brevets d'invention et de la contrefaçon industrielle.*

Plocque et le Barbier, *De la déchéance en matière de brevets d'invention.*

Pouillet, *Traité théorique et pratique des brevets d'invention et de la contrefaçon.*

Pouillet et Plé, *La convention d'union du 20 mars 1883 pour la protection de la propriété industrielle.*

La propriété industrielle. Organe officiel de l'union pour la protection de la propriété industrielle, paraît mensuellement depuis 1885.

Recueil général de la législation et des traités concernant la propriété industrielle, publié par le bureau international de l'union pour la protection de la propriété industrielle avec le concours de jurisconsultes de divers pays.

Renouard, *Traité des brevets d'invention.*

Ruben de Couder, *Dictionnaire de droit commercial. V. Brevet d'invention.*

Tillière, *Traité théorique et pratique des brevets d'invention.*

Weiss, *Traité de droit international privé.*

Bozérian, *La convention internationale de 1883.*

TABLE DES MATIÈRES

Châteauroux. — Typ. et Stéréot. A. MELLOTTÉE.